紹興大典 史部

康熙會稽縣志 1

中華書局

圖書在版編目(CIP)數據

(康熙) 會稽縣志 / (清) 王元臣修 ; (清) 董欽德 , 金炯纂 . – 北京 : 中華書局 , 2024.6. – (紹興大典). – ISBN 978-7-101-16900-3

Ⅰ . K295.53

中國國家版本館 CIP 數據核字第 202477S9Z1 號

書　　名	(康熙) 會稽縣志 (全三册)
叢 書 名	紹興大典 · 史部
修　　者	〔清〕王元臣
纂　　者	〔清〕董欽德　金炯
項目策劃	許旭虹
責任編輯	梁五童
裝幀設計	許麗娟
責任印製	管　斌
出版發行	中華書局
	(北京市豐臺區太平橋西里38號 100073)
	http: // www. zhbc. com. cn
	E-mail: zhbc@zhbc. com. cn
印　　刷	天津藝嘉印刷科技有限公司
版　　次	2024年6月第1版
	2024年6月第1次印刷
規　　格	開本787 × 1092毫米　1/16
	印張91¾　插頁3
國際書號	ISBN 978-7-101-16900-3
定　　價	1280.00元

學術顧問（按姓氏筆畫排序）

安平秋　李　岩　吴　格
袁行霈　張志清　葛劍雄
樓宇烈

編纂工作指導委員會

主　　任　盛閲春（二〇二二年九月至二〇二三年一月在任）
　　　　　温　暖　施惠芳　肖啓明　熊遠明

第一副主任　丁如興

副 主 任　陳偉軍　汪俊昌　馮建榮

成　　員（按姓氏筆畫排序）
　　　　　王静静　朱全紅　沈志江　金水法　俞正英
　　　　　胡華良　茹福軍　徐　軍　陳　豪　黄旭榮
　　　　　裘建勇　樓　芳　魯霞光　魏建東

編纂委員會

主　　編　馮建榮

副 主 編　黄錫雲　尹　濤　王静静　李聖華　陳紅彦

委　　員（按姓氏筆畫排序）

王静静　尹　濤　那　艷　李聖華　俞國林

陳紅彦　陳　誼　許旭虹　馮建榮　葉　卿

黄錫雲　黄顯功　楊水土

史部主編　黄錫雲　許旭虹

序

紹興是國務院公布的首批中國歷史文化名城，是中華文明的多點起源地之一和越文化的發祥、壯大之地。從嵊州小黄山遺址迄今，已有一萬多年的文化史；從大禹治水迄今，已有四千多年的文明史；從越國築句踐小城和山陰大城迄今，已有兩千五百多年的建城史。建炎四年（一一三〇），宋高宗駐蹕越州，取義「紹奕世之宏庥，興百年之丕緒」，次年改元紹興，賜名紹興府，領會稽、山陰、蕭山、諸暨、餘姚、上虞、嵊、新昌等八縣。元改紹興路，明初復爲紹興府，清沿之。

紹興坐陸面海，嶽峙川流，風光綺麗，物産富饒，民風淳樸，士如過江之鯽，彬彬稱盛。春秋末越國有「八大夫」佐助越王卧薪嘗膽，力行「五政」，崛起東南，威續戰國，四分天下有其一，成就越文化的第一次輝煌。秦漢一統後，越文化從尚武漸變崇文。晉室東渡，北方士族大批南遷，王、謝諸大家紛紛遷居於此，一時人物之盛，雲蒸霞蔚，學術與文學之盛冠於江左，給越文化注入了新的活力。唐時的越州是詩人行旅歌詠之地，形成一條江南唐詩之路。至宋代，尤其是宋室南遷後，越中理學繁榮，文學昌盛，領一時之先。明代陽明心學崛起，這一時期的越文化，宣導致良知、知行合一，重於事功，伴隨而來的是越中詩文、書畫、戲曲的興盛。明清易代，有劉宗周等履忠蹈義，慷慨赴死，亦有黄宗羲率其門人，讀書窮經，關注世用，成其梨洲一派。至清中葉，會稽章學誠等人紹承梨洲之學而開浙東史學之新局。晚清至現代，越中知識分子心懷天下，秉持先賢「膽劍精神」，再次站在歷史變革的潮頭，蔡元培、魯迅等人「開拓越學」，使紹興成爲新文化運動和新民主主義革命的重要陣地。越文化兼容並包，與時偕變，勇於創新，隨着中國社會歷史的變遷，無論其內涵和特質發生何種變化，均以其獨特、强盛的生命力，推動了中華文明的發展。

文獻典籍承載着廣博厚重的精神財富、生生不息的歷史文脉。紹興典籍之富，甲於東南，號爲文獻之邦。從兩漢到魏晋再至近現代，紹興人留下了浩如煙海、綿延不斷的文獻典籍。陳橋驛先生在《紹興地方文獻考録·前言》中說：「紹興是我國歷史上地方文獻最豐富的地方之一。」有我國地方志的開山之作《越絶書》，有唯物主義的哲學巨著《論衡》，有書法藝術和文學價值均登峰造極的《蘭亭集序》，有詩爲「中興之冠」的陸游《劍南詩稿》，有輯録陽明心學精義的儒學著作《傳習録》等，這些文獻，不僅對紹興一地具有重要價值，對浙江乃至全國來説，也有深遠意義。

紹興藏書文化源遠流長。歷史上的藏書家多達百位，知名藏書樓不下三十座，其中以澹生堂最爲著名，藏書十萬餘卷。近現代，紹興又首開國內公共圖書館之先河。光緒二十六年（一九〇〇），紹興鄉紳徐樹蘭獨力捐銀三萬餘兩，圖書七萬餘卷，創辦國內首個公共圖書館——古越藏書樓。越中多名士，自也與藏書聚書風氣有關。

習近平總書記强調，「我們要加强考古工作和歷史研究，讓收藏在博物館裏的文物、陳列在廣闊大地上的遺産、書寫在古籍裏的文字都活起來，豐富全社會歷史文化滋養」。黨的十八大以來，黨中央站在實現中華民族偉大復興的高度，對傳承和弘揚中華優秀傳統文化作出一系列重大決策部署。中共中央辦公廳、國務院辦公廳二〇一七年一月印發了《關於實施中華優秀傳統文化傳承發展工程的意見》，二〇二二年四月又印發了《關於推進新時代古籍工作的意見》。

盛世修典，是中華民族的優秀傳統，是國家昌盛的重要象徵。近年來，紹興地方文獻典籍的利用呈現出多層次、多方位探索的局面，從文史界到全社會都在醞釀進一步保護、整理、開發、利用紹興歷史文獻的措施，形成了廣泛共識。中共紹興市委、市政府深入學習貫徹習近平總書記重要指示精神，積極響應國家重大戰略部署，以提振紹興人文氣運的文化自覺和存續一方文脉的歷史擔當，作出了編纂出版《紹興大典》的重大決定，計劃用十年時間，系統、全面、客觀梳理紹興文化傳承脉絡，收集、整理、編纂、出版紹興地方歷史文獻。二〇二二年十月，中共紹興市委辦公室、紹興市人民政府辦公室印發《關於〈紹興大典〉編纂出版工作實施方案的通知》。自此，《紹興大典》編纂出版各項工作開始有序推進。

百餘年前，魯迅先生提出「開拓越學，俾其曼衍，至於無疆」的願景，今天，我們繼先賢之志，實施紹興歷史上前無古人的文化工程，希冀通過《紹興大典》的編纂出版，從浩瀚的紹興典籍中尋找歷史印記，從豐富的紹興文化中挖掘鮮活資源，從悠遠的紹興歷史中把握發展脉絡，古爲今用，繼往開來，爲新時代「文化紹興」建設注入强大動力。我們將懷敬畏之心，以古人「三不朽」的立德修身要求，爲紹興這座中國歷史文化名城和「東亞文化之都」立傳畫像，爲全世界紹興人築就恒久的精神家園。

是爲序。

温暖

二〇二三年十月

前言

越國故地，是中華文明的重要起源地，中華優秀傳統文化的重要貢獻地，中華文獻典籍的重要誕生地。紹興，是越國古都，國務院公布的第一批歷史文化名城。編纂出版《紹興大典》，是綿延中華文獻之大計，弘揚中華文化之良策，傳承中華文明之壯舉。

一

紹興有源遠流長的文明，是中華文明的縮影。

中國有百萬年的人類史，一萬年的文化史，五千多年的文明史。中華文明，是中華民族長期實踐的積累，集體智慧的結晶，不斷發展的産物。各個民族，各個地方，都爲中華文明作出了自己獨具特色的貢獻。紹興人同樣爲中華文明的起源與發展，作出了自己傑出的貢獻。

現代考古發掘表明，早在約十六萬年前，於越先民便已經在今天的紹興大地上繁衍生息。二〇一七年初，在嵊州崇仁安江村蘭山廟附近，出土了於越先民約十六萬年前使用過的打製石器[一]。這是曹娥江流域首次發現的舊石器遺存，爲探究這一地區中更新世晚期至晚更新世早期的人類活動、

〔一〕陸瑩等撰《浙江蘭山廟舊石器遺址網紋紅土釋光測年》，《地理學報》英文版，二〇二〇年第九期，第一四三六至一四五〇頁。

華南地區與現代人起源的關係、小黄山遺址的源頭等提供了重要綫索。

距今約一萬至八千年的嵊州小黄山遺址〔一〕，於二〇〇六年與上山遺址一起，被命名爲上山文化。該遺址中的四個重大發現，引人矚目：一是水稻實物的穀粒印痕遺存，以及儲藏坑、鐮形器、石磨棒、石磨盤等稻米儲存空間與收割、加工工具的遺存；二是種類與器型衆多的夾砂、夾炭、夾灰紅衣陶與黑陶等遺存；三是我國迄今發現的最早的立柱建築遺存，以及石杵立柱遺存；四是我國新石器時代遺址中迄今發現的最早的石雕人首。

蕭山跨湖橋遺址出土的山茶種實，表明於越先民在八千多年前已開始對茶樹及茶的利用與探索〔二〕。距今約六千年前的餘姚田螺山遺址發現的山茶屬茶樹根遺存，有規則地分布在聚落房屋附近，特别是其中出土了一把與現今茶壺頗爲相似的陶壺，表明那時的於越先民已經在有意識地種茶用茶了〔三〕。

對美好生活的嚮往無止境，創新便無止境。於越先民在一萬年前燒製出世界上最早的彩陶的基礎上〔四〕，經過數千年的探索實踐，終於在夏商之際，燒製出了人類歷史上最早的原始瓷〔五〕；繼而又在東漢時，燒製出了人類歷史上最早的成熟瓷。現代考古發掘表明，漢時越地的窑址，僅曹娥江兩岸的上虞，就多達六十一處〔六〕。

中國是目前發現早期稻作遺址最多的國家，是世界上最早發現和利用茶樹的國家，更是瓷器的故

〔一〕浙江省文物考古研究所編《上山文化：發現與記述》，文物出版社二〇一六年版，第七一頁。
〔二〕浙江省文物考古研究所、蕭山博物館編《跨湖橋》，文物出版社二〇〇四年版，彩版四五。
〔三〕北京大學中國考古學研究中心、浙江省文物考古研究所編《田螺山遺址自然遺存綜合研究》，文物出版社二〇一一年版，第一一七頁。
〔四〕孫瀚龍、趙曄著《浙江史前陶器》，浙江人民出版社二〇二二年版，第三頁。
〔五〕鄭建華、謝西營、張馨月著《浙江古代青瓷》，浙江人民出版社二〇二二年版，上册，第四頁。
〔六〕宋建明主編《早期越窑——上虞歷史文化的豐碑》，中國書店二〇一四年版，第二四頁。

鄉。《（嘉泰）會稽志》卷十七記載「會稽之産稻之美者，凡五十六種」，稻作文明的進步又直接促成了紹興釀酒業的發展。同卷又單列「日鑄茶」一條，釋曰「日鑄嶺在會稽縣東南五十五里，嶺下有僧寺名資壽，其陽坡名油車，朝暮常有日，産茶絶奇，故謂之日鑄」。可見紹興歷史上物質文明之發達，真可謂「天下無儔」。

二

紹興有博大精深的文化，是中華文化的縮影。

文化是一條源遠流長的河，流過昨天，流到今天，還要流向明天。悠悠萬事若曇花一現，唯有文化與日月同輝。

大量的歷史文獻與遺址古迹表明，四千多年前，大禹與紹興結下了不解之緣。大禹治平天下之水，漸九川，定九州，至於諸夏乂安，《史記·夏本紀》載：「禹會諸侯江南，計功而崩，因葬焉，命曰會稽。會稽者，會計也。」裴駰注引《皇覽》曰：「禹冢在山陰縣會稽山上。會稽山本名苗山，在縣南，去縣七里。」《（嘉泰）會稽志》卷六「大禹陵」：「禹巡守江南，上苗山，會稽諸侯，死而葬焉。……劉向書云：禹葬會稽，不改其列，謂不改林木百物之列也。苗山自禹葬後，更名會稽。是山之東，有隴隱若劍脊，西嚮而下，下有窆石，或云此正葬處。」另外，大禹在以會稽山爲中心的越地，還有一系列重大事迹的記載，包括娶妻塗山、得書宛委、畢功了溪、誅殺防風、禪祭會稽、築治邑室等。

以至越王句踐，「其先禹之苗裔，而夏后帝少康之庶子也，封於會稽，以奉守禹之祀」（《史記·越王句踐世家》）。句踐的功績，集中體現在他一系列的改革舉措以及由此而致的强國大業上。

他創造了「法天象地」這一中國古代都城選址與布局的成功範例，奠定了近一個半世紀越國號稱天下强國的基礎，造就了紹興發展史上的第一個高峰，更實現了東周以來中國東部沿海地區暨長江下游地區的首次一體化，讓人們在數百年的分裂戰亂當中，依稀看到了一統天下的希望，爲後來秦始皇統一中國，建立真正大一統的中央政權，進行了區域性的準備。因此，司馬遷稱：「苗裔句踐，苦身焦思，終滅强吴，北觀兵中國，以尊周室，號稱霸王。句踐可不謂賢哉！蓋有禹之遺烈焉。」

千百年來，紹興涌現出了諸多譽滿海内、雄稱天下的思想家，他們的著述世不絶傳、遺澤至今，他們的思想卓犖英發、光彩奪目。哲學領域，聚諸子之精髓，啓後世之思想。政治領域，以家國之情懷，革社會之弊病。經濟領域，重生民之生業，謀民生之大計。教育領域，育天下之英才，啓時代之新風。史學領域，創史志之新例，傳千年之文脉。

紹興是中國古典詩歌藝術的寶庫。四言詩《候人歌》被稱爲「南音之始」。於越《彈歌》是我國文學史上僅存的二言詩。《越人歌》是越地的第一首情歌、中國的第一首譯詩。山水詩的鼻祖，是上虞人謝靈運。唐代，這裏涌現出了賀知章等三十多位著名詩人。宋元時，這裏出了别開詩歌藝術天地的陸游、王冕、楊維楨。

紹興是中國傳統書法藝術的故鄉。鳥蟲書與《會稽刻石》中的小篆，影響深遠。中國的文字成爲藝術品之習尚，文字由書寫轉向書法，是從越人的鳥蟲書開始的。而自王羲之《蘭亭序》之後，紹興更是成爲中國書法藝術的聖地。翰墨碑刻，代有名家精品。

紹興是中國古代繪畫藝術的重鎮。世界上最早彩陶的燒製，展現了越人的審美情趣。「文身斷髮」與「鳥蟲書」，實現了藝術與生活最原始的結合。戴逵與戴顒父子、僧仲仁、王冕、徐渭、陳洪綬、趙之謙、任熊、任伯年等在中國繪畫史上有開宗立派的地位。

一九一二年一月，魯迅爲紹興《越鐸日報》創刊號所作發刊詞中寫道：「於越故稱無敵於天下，海岳精液，善生俊異，後先絡繹，展其殊才；其民復存大禹卓苦勤勞之風，同句踐堅確慷慨之志，力作治生，綽然足以自理。」可見，紹興自古便是中華文化的重要發源地與傳承地，紹興人更是世代流淌着「卓苦勤勞」「堅確慷慨」的精神血脉。

三

紹興有琳琅滿目的文獻，是中華文獻的縮影。

自有文字以來，文獻典籍便成了人類文明與人類文化的基本載體。紹興地方文獻同樣爲中華文明與中華文化的傳承發展，作出了傑出的貢獻。

中華文明之所以成爲世界上唯一没有中斷、綿延至今、益發輝煌的文明，在於因文字的綿延不絶而致的文獻的源遠流長、浩如煙海。中華文化之所以成爲中華民族有别於世界上其他任何民族的顯著特徵並流傳到今天，靠的是中華兒女一代又一代的言傳身教、口口相傳，更靠的是文獻典籍一代又一代的忠實書寫、守望相傳。

無數的甲骨、簡牘、古籍、拓片等中華文獻，無不昭示着中華文明的光輝燦爛、欣欣向榮，無不昭示着中華文化的廣博淵綜、蒸蒸日上。它們既是中華文明與中華文化的基本載體，又是中華文明與中華文化的重要組成部分，是十分重要的物質文化遺産。

紹興地方文獻作爲中華文獻重要的組成部分，積澱極其豐厚，特色十分明顯。

（一）文獻體系完備

紹興的文獻典籍根基深厚，載體體系完備，大體經歷了四個階段的歷史演變。

一是以刻符、紋樣、器型爲主的史前時代。代表性的，有作爲上山文化的小黄山遺址中出土的彩陶上的刻符、印紋、圖案等。

二是以金石文字爲主的銘刻時代。代表性的，有越國時期玉器與青銅劍上的鳥蟲書等銘文、秦《會稽刻石》、漢「大吉」摩崖、漢魏六朝時的會稽磚甓銘文與會稽青銅鏡銘文等。

三是以雕版印刷爲主的版刻時代。代表性的，有中唐時期越州刊刻的元稹、白居易的詩集。唐長慶四年（八二四），浙東觀察使兼越州刺史元稹，在爲時任杭州刺史的好友白居易《白氏長慶集》所作的序言中寫道：「揚、越間多作書模勒樂天及予雜詩，賣於市肆之中也。」這是有關中國刊印書籍的最早記載之一，説明越地開創了「模勒」這一雕版印刷的風氣之先。宋時，兩浙路茶鹽司等機關和紹興府、紹興府學等，競相刻書，版刻業快速繁榮，紹興成爲兩浙乃至全國的重要刻書地，所刻之書多稱「越本」「越州本」。明代，紹興刊刻呈現出了官書刻印多、鄉賢先哲著作和地方文獻多、私家刻印特色叢書多的特點。清代至民國，紹興整理、刊刻古籍叢書成風，趙之謙、平步青、徐友蘭、章壽康、羅振玉等，均有大量輯刊，蔡元培早年應聘於徐家校書達四年之久。

四是以機器印刷爲主的近代出版時期。這一時期呈現出傳統技術與西方新技術並存、傳統出版物與維新圖强讀物並存的特點。代表性的出版機構，在紹興的有徐友蘭於一八六二年創辦的墨潤堂等。另外，吴隱於一九〇四年參與創辦了西泠印社；紹興人沈知方於一九一二年參與創辦了中華書局，還於一九一七年創辦了世界書局。代表性的期刊，有羅振玉於一八九七年在上海創辦的《農學報》，杜亞泉於一九〇一年在上海創辦的《普通學報》，羅振玉於一九〇一年在上海發起、王國維主筆的《教育世界》，杜亞泉等於一九〇二年在上海編輯的《中外算報》，秋瑾於一九〇七年在上海創辦的《中國女報》等。代表性的報紙，有蔡元培於一九〇三年在上海創辦的《俄事警聞》等。

紹興文獻典籍的這四個演進階段，既相互承接，又各具特色，充分彰顯了走在歷史前列、引領時代潮流的特徵，總體上呈現出了載體越來越多元、内涵越來越豐富、傳播越來越廣泛、對社會生活的影響越來越深遠的歷史趨勢。

（二）藏書聲聞華夏

紹興歷史上刻書多，便爲藏書提供了前提條件，因而藏書也多。大禹曾「登宛委山，發金簡之書，案金簡玉字，得通水之理」（《吴越春秋》卷六），還「巡狩大越，見耆老，納詩書」（《越絶書》卷八），這是紹興有關采集收藏圖書的最早記載。句踐曾修築「石室」藏書，「晝書不倦，晦誦竟旦」（《越絶書》卷十二）。

造紙術與印刷術的發明和推廣，使得書籍可以成批刷印，爲藏書提供了極大便利。王充得益於藏書資料，寫出了不朽的《論衡》。南朝梁時，山陰人孔休源「聚書盈七千卷，手自校治」（《梁書·孔休源傳》），成爲紹興歷史上第一位有明文記載的藏書家。唐代時，越州出現了集刻書、藏書、讀書於一體的書院。五代十國時，南唐會稽人徐鍇精於校勘，雅好藏書，「江南藏書之盛，爲天下冠，鍇力居多」（《南唐書·徐鍇傳》）。

宋代雕版印刷術日趨成熟，爲書籍的化身千百與大規模印製創造了有利條件，也爲藏書提供了更多來源。特别是宋室南渡、越州升爲紹興府後，更是出現了以陸氏、石氏、李氏、諸葛氏等爲代表的藏書世家。陸游曾作《書巢記》，稱「吾室之内，或棲於櫝，或陳於前，或枕藉於床，俯仰四顧，無非書者」。《（嘉泰）會稽志》中專設《藏書》一目，説明了當時藏書之風的盛行。元時，楊維楨「積書數萬卷」（《鐵笛道人自傳》）。

明代藏書業大發展，出現了鈕石溪的世學樓等著名藏書樓。其中影響最大的藏書家族，當數山陰祁氏；影響最大的藏書樓，當數祁承㸁創辦的澹生堂，至其子彪佳時，藏書達三萬多卷。

清代是紹興藏書業的鼎盛時期，有史可稽者凡二十六家，諸如章學誠、李慈銘、陶濬宣等。上虞王望霖建天香樓，藏書萬餘卷，尤以藏書家之墨迹與鈎摹鐫石聞名。徐樹蘭創辦的古越藏書樓，以存古開新爲宗旨，以資人觀覽爲初心，成爲中國近代第一家公共圖書館。

民國時，代表性的紹興藏書家與藏書樓有：羅振玉的大雲書庫、徐維則的初學草堂、蔡元培創辦的養新書藏、王子餘開設的萬卷書樓、魯迅先生讀過書的三味書屋等。

根據二〇一六年完成的古籍普查結果，紹興全市十家公藏單位，共藏有一九一二年以前産生的中國傳統裝幀書籍與民國時期的傳統裝幀書籍三萬九千七百七十七種、二十二萬六千一百二十五册，分别占了浙江省三十三萬七千四百零五種的百分之十一點七九、二百五十萬六千六百三十三册的百分之九點零二。這些館藏的文獻典籍，有不少屬於名人名著，其中包括在别處難得見到的珍稀文獻。這是紹興這個地靈人傑的文獻名邦確實不同凡響的重要見證。

一部紹興的藏書史，其實也是一部紹興人的讀書、用書、著書史。歷史上的紹興，刻書、藏書、讀書、用書、著書，良性循環，互相促進，成爲中國文化史上一道亮麗的風景。

（三）著述豐富多彩

紹興自古以來，論道立説、卓然成家者代見輩出，創意立言、名動天下者繼踵接武，歷朝皆有傳世之作，各代俱見槃槃之著。這些文獻，不僅對紹興一地有重要價值，而且也是浙江文化乃至中國古代文化的重要組成部分。

一是著述之風，遍及各界。越人的創作著述，文學之士自不待言，爲政、從軍、業賈者亦多喜筆耕，屢有不刊之著。甚至於鄉野市井之口頭創作、謡歌俚曲，亦代代敷演，蔚爲大觀，其中更是多有内蕴厚重、哲理深刻、色彩斑斕之精品，遠非下里巴人，足稱陽春白雪。

二是著述整理，尤爲重視。越人的著述，包括對越中文獻乃至我國古代文獻的整理。宋孔延之的《會稽掇英總集》，清杜春生的《越中金石記》，近代魯迅的《會稽郡故書雜集》等，都是收輯整理地方文獻的重要成果。陳橋驛所著《紹興地方文獻考録》，是另一種形式的著述整理，其中考録一九四九年前紹興地方文獻一千二百餘種。清代康熙年間，紹興府山陰縣吴楚材、吴調侯叔侄選編的《古文觀止》，自問世以來，一直是古文啓蒙的必備書，也深受古文愛好者的推崇。

三是著述領域，相涉廣泛。越人的著述，涉及諸多領域。其中古代以經、史與諸子百家研核之作爲多，且基本上涵蓋了經、史、子、集的各個分類，近現代以文藝創作爲多，當代則以科學研究論著爲多。這也體現了越中賢傑經世致用、與時俱進的家國情懷。

四

盛世修典，承古啓新，以「紹興」之名，行紹興之實。

紹興這個名字，源自宋高宗的升越州爲府，並冠以年號，時在紹興元年（一一三一）的十月廿六日。這是對這座城市傳統的畫龍點睛。紹興這兩個字合在一起，藴含的正是承繼前業而壯大之、開創未來而昌興之的意思。數往而知來，今天的紹興人正賦予這座城市、這個名字以新的意藴，那就是繼承中華優秀傳統文化，建設中華民族現代文明，爲實現中華民族偉大復興，作出自己新的更大的貢獻。

編纂出版《紹興大典》，正是紹興地方黨委、政府文化自信、文化自覺的體現，是集思廣益、精心實施的德政，是承前啓後、繼往開來的偉業。

（一）科學的決策

《紹興大典》的編纂出版，堪稱黨委、政府科學決策的典範。二〇二〇年十二月十一日，中共紹興市委八届九次全體（擴大）會議審議通過了關於紹興市「十四五」規劃和二〇三五年遠景目標的建議，其中首次提出要啓動《紹興大典》的編纂出版工作。

二〇二一年二月五日，紹興市第八届人民代表大會第六次會議批准了市政府根據市委建議編製的紹興市「十四五」規劃和二〇三五年遠景目標綱要，其中又專門寫到要啓動《紹興大典》的編纂出版工作。二月八日，紹興市人民政府正式印發了這個重要文件。

二〇二二年二月二十八日的中共紹興市第九次代表大會市委工作報告與三月三十日的紹興市九届人大一次會議政府工作報告，均對編纂出版《紹興大典》提出了要求。

二〇二二年九月十五日，紹興市人民政府第十一次常務會議專題聽取了《〈紹興大典〉編纂出版工作實施方案》起草情況的匯報，決定根據討論意見對實施意見進行修改完善後，提交市委常委會議審議。九月十六日，中共紹興市委九届二十次常委會議專題聽取《〈紹興大典〉編纂出版工作實施方案》起草情況的匯報，並進行了討論，決定批准這個方案。十月十日，中共紹興市委辦公室、紹興市人民政府辦公室正式印發了《〈紹興大典〉編纂出版工作實施方案》。

（二）嚴謹的體例

在中共紹興市委、紹興市人民政府研究批准的實施方案中，《紹興大典》編纂出版的各項相關事宜，均得以明確。

一是主要目標。系統、全面、客觀梳理紹興文化傳承脉絡，收集、整理、編纂、研究、出版紹興地方文獻，使《紹興大典》成爲全國鄉邦文獻整理編纂出版的典範和紹興文化史上的豐碑，爲努力打造「文獻保護名邦」「文史研究重鎮」「文化轉化高地」三張紹興文化的金名片作出貢獻。

二是收録範圍。《紹興大典》收録的時間範圍爲：起自先秦時期，迄至一九四九年九月三十日，部分文獻酌情下延。地域範圍爲：今紹興市所轄之區、縣（市），兼及歷史上紹興府所轄之蕭山、餘姚。內容範圍爲：紹興人的著述，域外人士有關紹興的著述，歷史上紹興刻印的古籍善本和紹興收藏的珍稀古籍善本。

三是編纂方法。對所録文獻典籍，按經、史、子、集和叢五部分類方法編纂出版。

根據實施方案明確的時間安排與階段劃分，在具體編纂工作中，采用先易後難、先急後緩，邊編纂出版、邊深入摸底的方法。即先編纂出版情況明瞭、現實急需的典籍，與此同時，對面上的典籍情況進行深入的摸底調查。這樣的方法，既可以用最快的速度出書，以滿足保護之需、利用之需，又可以爲一些難題的破解争取時間；既可以充分發揮我國實力最强的專業古籍出版社中華書局的編輯出版優勢，又可以充分借助與紹興相關的典籍一半以上收藏於我國古代典籍收藏最爲宏富的國家圖書館的優勢。這是最大限度地避免時間與經費上的重複浪費的方法，也是地方文獻編纂出版工作方法上的創新。

另外，還將適時延伸出版《紹興大典·要籍點校叢刊》《紹興大典·文獻研究叢書》《紹興大典·善本影真叢覽》等。

（三）非凡的意義

正如紹興的文獻典籍在中華文獻典籍史上具有重要的影響那樣，編纂出版《紹興大典》的意義，同樣也是非同尋常的。

一是編纂出版《紹興大典》，對於文獻典籍的更好保護——活下來，具有非同尋常的意義。歷史上的文獻典籍，是中華文明歷經滄桑留下的最寶貴的東西。然而，這些瑰寶或因天災人禍，或因自然老化，或因使用過度，或因其他緣故，有不少已經處於岌岌可危甚至奄奄一息的境況。

編纂出版《紹興大典》，可以爲系統修復、深度整理這些珍貴的古籍争取時間；可以最大限度呈現底本的原貌，緩解藏用的矛盾，更好地方便閱讀與研究。這是文獻典籍眼下的當務之急，最好的續命之舉。

二是編纂出版《紹興大典》，對於文獻典籍的更好利用——活起來，具有非同尋常的意義。歷史上的文獻典籍，流傳到今天，實屬不易，殊爲難得。它們雖然大多保存完好，其中不少還是善本，但分散藏於公私，積久塵封，世人難見；也有的已成孤本，或至今未曾刊印，僅有稿本、抄本，秘不示人，無法查閱。

編纂出版《紹興大典》，將穿越千年的文獻、深庋密鎖的秘藏、散落全球的珍寶匯聚起來，化身萬千，走向社會，走近讀者，走進生活，既可防它們失傳之虞，又可使它們嘉惠學林，也可使它們古爲今用，文旅融合，還可使它們延年益壽，推陳出新。這是於文獻典籍利用一本萬利、一舉多得的好事。

三是編纂出版《紹興大典》，對於文獻典籍的更好傳承——活下去，具有非同尋常的意義。歷史上的文獻典籍，能保存至今，是先賢們不惜代價，有的是不惜用生命爲代價換來的。對這些傳承至今的古籍本身，我們應當倍加珍惜。

編纂出版《紹興大典》，正是爲了述録先人的開拓，啓迪來者的奮鬥，使這些珍貴古籍世代相傳，使蘊藏在這些珍貴古籍身上的中華優秀傳統文化世代相傳。這是中華文化創造性轉化、創新性發展的通途所在。

編纂出版《紹興大典》，是紹興文化發展史上的曠古偉業。編成後的《紹興大典》，將成爲全國範圍内的同類城市中，第一部收録最爲系統、内容最爲豐贍、品質最爲上乘的地方文獻集成。

紹興這個地方，古往今來，都在不懈超越。超乎尋常，追求卓越。超越自我，超越歷史。《紹興大典》的編纂出版，無疑會是紹興文化發展史上的又一次超越。

道阻且長，行則將至；行而不輟，成功可期。「後之視今，亦猶今之視昔」；「後之覽者，亦將有感於斯文」（《蘭亭集序》）。讓我們一起努力吧！

馮建榮

二〇二三年六月十日，星期六，成稿於寓所

二〇二三年中秋、國慶假期，校改於寓所

編纂説明

紹興古稱會稽，歷史悠久。

大禹治水，畢功了溪，計功今紹興城南之茅山（苗山），崩後葬此，此山始稱會稽，此地因名會稽，距今四千多年。

大禹第六代孫夏后少康封庶子無餘於會稽，以奉禹祀，號曰「於越」，此爲吾越得國之始。《竹書紀年》載，成王二十四年，於越來賓。是亦此地史載之始。

距今兩千五百多年，越王句踐遷都築城於會稽山之北（今紹興老城區），是爲紹興建城之始，於今城不移址，海内罕有。

秦始皇滅六國，御海内，立郡縣，成定制。是地屬會稽郡，郡治爲吴縣，所轄大率吴越故地。東漢順帝永建四年（一二九），析浙江之北諸縣置吴郡，是爲吴越分治之始。會稽名仍其舊，郡治遷山陰。由隋至唐，會稽改稱越州，時有反復，至中唐後，「越州」遂爲定稱而至於宋。所轄時有增減，至五代後梁開平二年（九〇八），吴越析剡東十三鄉置新昌縣，自此，越州長期穩定轄領會稽、山陰、蕭山、諸暨、餘姚、上虞、嵊縣、新昌八邑。

建炎四年（一一三〇），宋高宗趙構駐蹕越州，取「紹奕世之宏庥，興百年之丕緒」之意，下詔從建炎五年正月改元紹興。紹興元年（一一三一）十月己丑升越州爲紹興府，斯地乃名紹興，沿用至今。

歷史的悠久，造就了紹興文化的發達。數千年來文化的發展、沉澱，又給紹興留下了燦爛的文化載體——鄉邦文獻。保存至今的紹興歷史文獻，有方志著作、家族史料、雜史輿圖、文人筆記、先賢文集、醫卜星相、碑刻墓誌、摩崖遺存、地名方言、檔案文書等不下三千種，可以説，凡有所録，應有盡有。這些文獻從不同角度記載了紹興的山川地理、風土人情、經濟發展、人物傳記、著述藝文等各個方面，成爲人們瞭解歷史、傳承文明、教育後人、建設社會的重要參考資料，其中許多著作不僅對紹興本地有重要價值，也是江浙文化乃至中華古代文化的重要組成部分。

紹興歷代文人對地方文獻的探尋、收集、整理、刊印等都非常重視，並作出過不朽的貢獻，陳橋驛先生就是代表性人物。正是在他的大力呼籲下，時任紹興縣政府主要領導作出了編纂出版《紹興叢書》的決策，爲今日《紹興大典》的編纂出版積累了經驗，奠定了基礎。

時至今日，爲貫徹落實習近平總書記系列重要講話精神，奮力打造新時代文化文明高地，重輝「文獻名邦」，中共紹興市委、市政府毅然作出編纂出版《紹興大典》的決策部署。延請全國著名學者樓宇烈、袁行霈、安平秋、葛劍雄、吴格、李岩、熊遠明、張志清諸先生參酌把關，與收藏紹興典籍最豐富的國家圖書館以及專業古籍出版社中華書局展開深度合作，成立專門班子，精心規劃組織，扎實付諸實施。《紹興大典》是地方文獻的集大成之作，出版形式以紙質書籍爲主，同步開發建設數據庫。其基本内容，包括以下三方面：

一、《紹興大典》影印精裝本文獻大全。這方面内容囊括一九四九年前的紹興歷史文獻，收録的原則是「全而優」，也就是文獻求全收録；同一文獻比對版本優劣，收優斥劣。同時特別注重珍稀性、孤罕性、史料性。

《紹興大典》影印精裝本收録範圍：

時間範圍：起自先秦時期，迄至一九四九年九月三十日，部分文獻可酌情下延。

地域範圍：今紹興市所轄之區、縣（市），兼及歷史上紹興府所轄之蕭山、餘姚。

内容範圍：紹興人（本籍與寄籍紹興的人士、寄籍外地的紹籍人士）撰寫的著作，非紹興籍人士撰寫的與紹興相關的著作，歷史上紹興刻印的古籍珍本和紹興收藏的古籍珍本。

《紹興大典》影印精裝本編纂體例，以經、史、子、集、叢五部分類的方法，對收録範圍内的文獻，進行開放式收録，分類編輯，影印出版。五部之下，不分子目。

經部：主要收録經學（含小學）原創著作；經校勘校訂，校注校釋，疏、證、箋、解、章句等的經學名著；爲紹籍經學家所著經學著作而撰的著作，等等。

史部：主要收録紹興地方歷史書籍，重點是府縣志、家史、雜史等三個方面的歷史著作。

子部：主要收録專業類書，比如農學類、書畫類、醫卜星相類、儒釋道宗教類、陰陽五行類、傳奇類、小説類，等等。

集部：主要收録詩賦文詞曲總集、别集、專集，詩律詞譜，詩話詞話，南北曲韻，文論文評，等等。

叢部：主要收録不入以上四部的歷史文獻遺珍、歷史文物和歷史遺址圖録彙總、戲劇曲藝脚本、報章雜志、音像資料等。不收傳統叢部之文叢、彙編之類。

《紹興大典》影印精裝本在收録、整理、編纂出版上述文獻的基礎上，同時進行書目提要的撰寫，並細編索引，以起到提要鈎沉、方便實用的作用。

二、《紹興大典》點校研究及珍本彙編。主要是《紹興大典》影印精裝本的延伸項目，形成三個成果，即《紹興大典·要籍點校叢刊》《紹興大典·文獻研究叢書》《紹興大典·善本影真叢覽》三叢。選取影印出版文獻中的要籍，組織專家分專題開展點校等工作，排印出版《紹興大典·要籍點校叢刊》；及時向社會公布推出出版文獻書目，開展《紹興大典》收録文獻研究，分階段出版研究成果《紹興大典·文獻研究叢書》；選取品相完好、特色明顯、内容有益的優秀文獻，原版原樣綫裝影印出版《紹興大典·善本影真叢覽》。

三、《紹興大典》文獻數據庫。以《紹興大典》影印精裝本和《紹興大典·要籍點校叢刊》《紹興大典·文獻研究叢書》《紹興大典·善本影真叢覽》三叢爲基幹構建。同時收録大典編纂過程中所涉其他相關資料，未用之版本，書佚目存之書目等，動態推進。

《紹興大典》編纂完成後，應該是一部體系完善、分類合理、全優兼顧、提要鮮明、檢索方便的大型文獻集成，必將成爲地方文獻編纂的新範例，同時助力紹興打造完成「歷史文獻保護名邦」「地方文史研究重鎮」「區域文化轉化高地」三張文化金名片。

《紹興大典》在中共紹興市委、市政府領導下組成編纂工作指導委員會，組織實施並保障大典工程的順利推進，同時組成由紹興市爲主導、國家圖書館和中華書局爲主要骨幹力量、各地專家學者和圖書館人員爲輔助力量的編纂委員會，負責具體的編纂工作。

《紹興大典》編纂委員會

二〇二三年五月

史部編纂説明

紹興自古重視歷史記載，在現存數千種紹興歷史文獻中，史部著作占有極爲重要的位置。因其内容豐富、體裁多樣、官民兼撰的特點，成爲《紹興大典》五大部類之一，而别類專纂，彙簡成編。

按《紹興大典·編纂説明》規定：「以經、史、子、集、叢五部分類的方法，對收録範圍内的文獻，進行開放式收録，分類編輯，影印出版。五部之下，不分子目。」「史部：主要收録紹興地方歷史書籍，重點是府縣志、家史、雜史等三個方面的歷史著作。」

紹興素爲方志之鄉，纂修方志的歷史較爲悠久。據陳橋驛《紹興地方文獻考録》（浙江人民出版社，一九八三年版）統計，僅紹興地區方志類文獻就「多達一百四十餘種，目前尚存近一半」。在最近三十多年中，紹興又發現了不少歷史文獻，堪稱卷帙浩繁。

據《紹興大典》編纂委員會多方調查掌握的信息，府縣之中，既有最早的府志——南宋二志《（嘉泰）會稽志》和《（寶慶）會稽續志》，也有最早的縣志——宋嘉定《剡録》；既有耳熟能詳的《（萬曆）紹興府志》，也有海内孤本《（嘉靖）山陰縣志》；更有寥若晨星的《永樂大典》本《紹興府志》，等等。存世的紹興府縣志，明代纂修並存世的萬曆爲最多，清代纂修並存世的康熙爲最多。

家史資料是地方志的重要補充，紹興地區家史資料豐富，《紹興家譜總目提要》共收録紹興相關家譜資料三千六百七十九條，涉及一百七十七個姓氏。據二〇〇六年《紹興叢書》編委會對上海圖書館藏紹興文獻的調查，上海圖書館館藏的紹興家史譜牒資料有三百多種，據紹興圖書館最近提供的信息，其館藏譜牒資料有二百五十多種，一千三百七十八册。紹興人文薈萃，歷來重視繼承弘揚耕讀傳統，家族中尤以登科進仕者爲榮，每見累世科甲、甲第連雲之家族，如諸暨花亭五桂堂黄氏、山陰狀元坊張氏，等等。家族中每有中式，必進祠堂，祭祖宗，禮神祇，乃至重纂家乘。因此纂修家譜之風頗盛，聯宗聯譜，聲氣相通，呼應相求，以期相將相扶，百世其昌，因此留下了浩如煙海、簡册連編的家史譜牒資料。家史資料入典，將遵循「姓氏求全，譜目求全，譜牒求優」的原則遴選。

雜史部分是紹興歷史文獻中内容最豐富、形式最多樣、撰者最衆多、價值極珍貴的部分。記載的内容無比豐富，撰寫的體裁多種多樣，留存的形式面目各異。其中私修地方史著作，以東漢袁康、吴平所輯的《越絶書》及稍後趙曄的《吴越春秋》最具代表性，是紹興現存最早較爲系統完整的史著。

雜史部分的歷史文獻，有非官修的專業志、地方小志，如《三江所志》《倉帝廟志》《螭陽志》等；有以韻文形式撰寫的如《山居賦》《會稽三賦》等；有碑刻史料如《會稽刻石》《龍瑞宫刻石》等；有詩文游記如《沃洲雜詠》等；有珍貴的檔案史料如《明浙江紹興府諸暨縣魚鱗册》等；有名人日記如《祁忠敏公日記》《越縵堂日記》等；有綜合性的歷史著作如海内外孤本《越中雜識》等；也有鉤沉稽古的如《虞志稽遺》等。既有《救荒全書》《欽定浙江賦役全書》這樣專業的經濟史料，也有《越中八景圖》這樣的圖繪史料等。舉凡經濟、人物、教育、方言風物、名人日記等，應有盡有，不勝枚舉。尤以地理爲著，諸如山川風物、名勝古迹、水利關津、衛所武備、天文医卜等，莫不悉備。

這些歷史文獻，有的是官刻，有的是坊刻，有的是家刻。有特别珍貴的稿本、鈔本、寫本，也有珍稀孤罕首次面世的史料。由於《紹興大典》的編纂出版，這些文獻得以呈現在世人面前，俾世人充分深入地瞭解紹興豐富多彩的歷史文化。受編纂者學識見聞以及客觀條件之限制，難免有疏漏錯訛之處，祈望方家教正。

《紹興大典》編纂委員會

二〇二三年五月

康熙會稽縣志　二十八卷，首一卷

〔清〕王元臣修，〔清〕董欽德、金炯纂

清康熙二十二年（一六八三）刻本

影印説明

《（康熙）會稽縣志》二十八卷首一卷，清王元臣修，清董欽德、金烔纂。清康熙二十二年（一六八三）刻本。半葉九行行二十字，小字雙行同，白口，單魚尾，左右雙邊，有圖。原書版框尺寸高20.5釐米，寬15釐米。書前有康熙十二年（一六七三）吕化龍序、康熙二十二年王元臣序，另有總論和凡例。卷二十八收録歷代旧志序、凡例、總論，書末有康熙二十二年董欽德所撰《會稽縣志後跋》。

王元臣，字聖乘，號恒齋，雲間人，康熙九年（一六七〇）進士，康熙十九年任會稽縣知事。董欽德，字哲文，又字天心，號心廬，會稽人，生員，康熙年間先後兩次參與《會稽縣志》以及康熙二十二年《紹興府志》的編纂。金烔，山陰人，庠生。

此次影印，以復旦大學圖書館藏本爲底本。底本有缺葉，缺葉情況如下：書前金烔序三葉，卷二第「又二」葉，卷十一第「又八」「又四十三」葉，卷十三第九、「又十四」葉，卷二十七第二十、二十四、二十五葉，以及書後董欽德跋第二葉。以上缺葉，現據同版本補足。另據《中國地方志聯合目録》，上海圖書館、南京大學圖書館、中國人民大學圖書館亦有收藏。

會稽縣志序

聖天子大一統湛恩遐布東漸西被訖於無外凡覩上親下之倫莫不欣榮條暢遂其生成而鼓舞於大化之

中是以類族以辨物因質以披文考禹貢之書綜周官周禮之所記載倣之太師采風小史掌邦國之義斯志之所爲作也夫以覆

載之廣博縷而析之及於一邑以郡邑之森列積而數之及於會稽以會稽肇邑之久遠編年紀事而及於今日斯會稽志之所爲

縣序

作也會稽之名山也始於
夏名郡也始於秦其名邑
也始於隋邑之有志也始
於宋繼以明夫宋以施郡
判之綜覈陸待制之風雅

明以來官諭之典則徐文
學之宏通維時邑令前有
楊公繼節後有楊公維新茲
數公者覽山川之勝槩辨
風俗之貞淫察原隰之高

下計物産之盈虛其所爲疆域之規險隘之勢人材盛衰之等祀神保民禮教之方罔不犂然具備且生於其地者古人之遺跡猶

有存焉然張宮諭徐文學猶遜謝不遑求之馬堯相金階二子之藏帙而書乃成是知志會稽者之難也追於今九十餘年蒐討之

役起於辛亥前令集邑中
諸士而書未成余受事伊
始愧不敏焉將以是而統
於郡上於省會備十五國
之風而無不遺於彈丸下邑

之逸事不甚難哉雖然遐陬僻壤遜聽風聲矧會稽素稱禮義之鄉乎聞之玉卮無當雖寶非用侈言無驗雖麗非經余乃自壬子

秋出試闈輒取是編刪繁徵信博采旁咨凡四閱月學博沈君以牒來曰有俞生嘉謨實堪斯舉余固丞識俞生授以全編重爲纂

訂而書成甚矣志會稽之

難也是爲序

旹

康熙十二年歲在癸丑夏四

月文林郎知會稽縣事𠛬

州呂化龍撰

會稽縣志序

夫一邑之治可推於天下天下之治必先於一邑以吏則兵農禮樂備六官之事以籍則編年表傳集諸史之長方策之與人

政良如膚骼相麗非可離合會稽文獻超軼區寓然自隋始立縣訖明萬曆千有餘年方克成志殆由會稽之名後先棼錯爲郡爲縣或併或析揆時按事難

于考據而然乎抑以見昔人慎重著書寧遲無驟有若此者張徐洞精淹貫驅駕一時然非經緯於二楊編摹於金馬歲月嘗綜固亦未易言也若夫續之與

創勞逸懸殊究其指歸難易則一謀始之事詳於遡源難者考索易者傳信踵事之圖萃於究委典章易跡人物難求何者百年之間亦遠亦近遠而尚罕論

定之書近而未邀耳目之察登
降或垂吾爲此懼余初承乏茲
土嘗有意貂續顧亦未敢輕言
會有
詔纂一統志令天下郡縣刻期三

月籍上春官承之心惕惟慮弗勝爰進董生欽德金生烱而謀之相與參酌義例裨補闕畧比類連詞循纚屬事可幸無失者如斯而已至於嘉言懿軌獨行

潛脩雖旁揆逖攬聽納爲瘁而鞅掌塵容逡巡晷漏得無淮西碑頌坐遺李愬之勳柱下鴻文並列韓非之目又或披威鳳之苞而不知一羽之可尊抱瓔琚

之屑而搦昧尺璧之爲大徵事

貌人寧無錦練要期擷秀標華

克完吾慮蒐遺滌薈懸待後賢

則知我固知罪我亦未嘗不知

已是爲序 旹

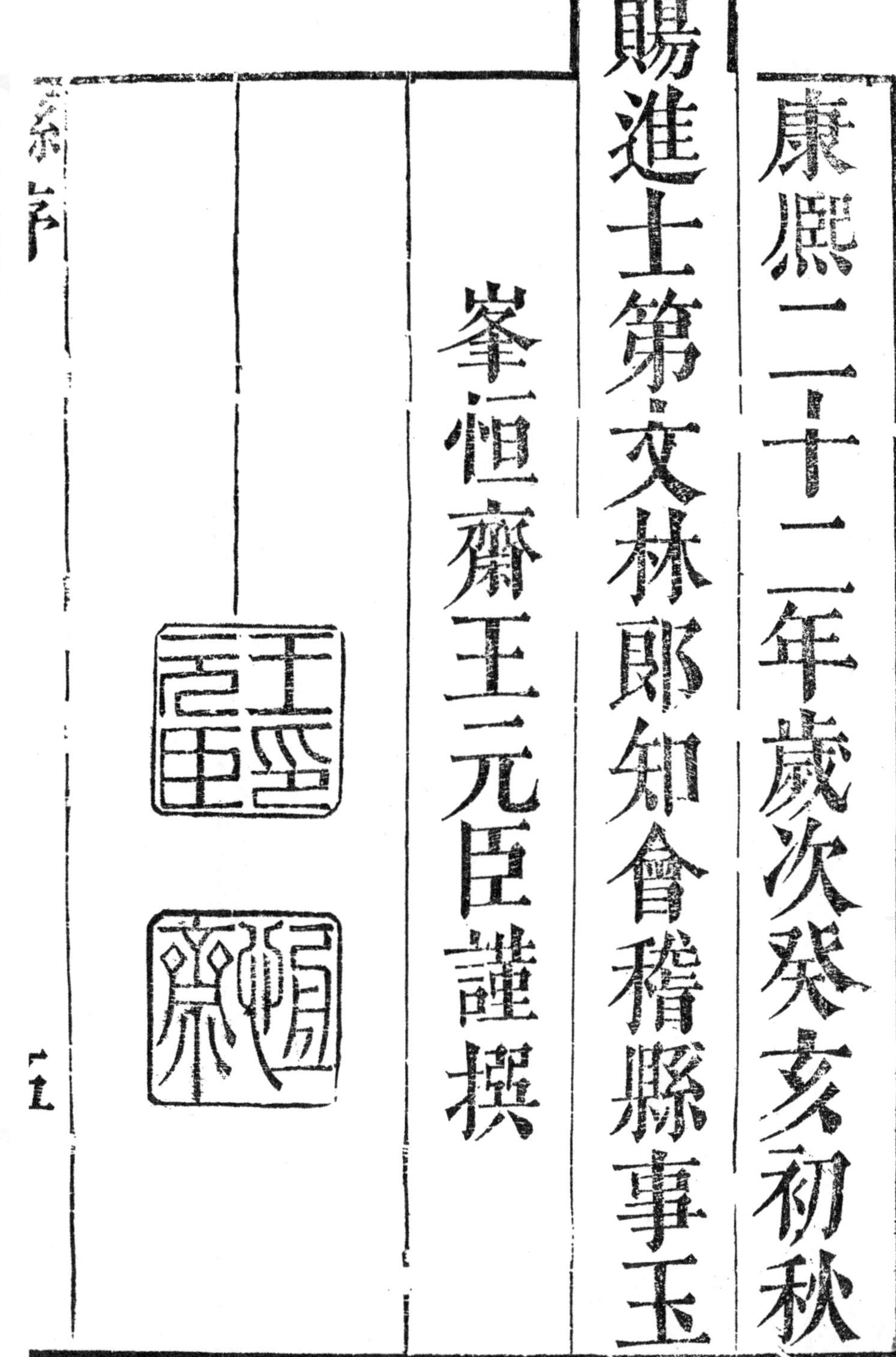

康熙二十二年歲次癸亥初秋

賜進士第文林郎知會稽縣事玉

峯恒齋王元臣謹撰

續脩會稽縣志序

今夫邑之有誌猶

朝廷之有史也史則臚列善惡而施以褒貶之法誌則有是而無非有美而無刺要以善者登諸紀載凡以示長厚之心而寓鼓舞之義俾一邑之人共欣欣於爲善以去惡意至善也會稽名區繡壤廻環巖壑之秀而南鎮並峙于西北禹

陵獨勝于商周以至秦望宛委之標奇耶溪鏡湖之爭麗其間涖茲邑者唐之吳李宋之曾韓明之戴鵬舉陳秉鈞羅澄溪趙蓋菴諸公吏治得人加意撫綏鳴琴宣化四境乂安猗歟盛哉庚申春玉峯王公來宰此土甫下車輒建學明倫校士課文菁莪棫樸之化洋溢于稽山鑑水間未數月政績蜚然一新視一

邑之黎庶不啻赤子而顧復之每值耕種時輒爲親詣阡陌躬課農桑以酒食勞其父老子弟視夫賈彪之治新息鄭單之尹鄒陵陳寔之令太丘或號爲神阜或稱爲慈父後先彪炳著美史冊是以邦之大夫人士無不頌聲載道非公之深仁厚澤汪濊無涯何以致此哉頌者

天子允禮垣疏纂脩郡邑誌書公承命爲之廣搜傳徵凡昔之所未備今之所未彰者爰取而釐定焉細心考究搜羅無遺訪老成之典型詢芻蕘之輿論上[illegible]役也分類撰輯文獻聿昭地靈人傑照耀史乘而學校之重脩田賦之議復河渠之疏濬以迄忠孝昭垂義行煥著與儒林之文雅燦若雲漢婦德之節烈皎如

日星此固一時有其可徵千秋信爲不刋者也炯以謭劣之材承漢陽范公命脩山陰邑乘深愧不文以爲大典辱今公復勿棄葑菲屢壓下問舉是編而悉爲綜覽覺龍門扶風遜其華藻盧陵涑水讓其簡嚴不第缺者補之冗者汰之謬者正之溢譽縹緗摛辭月露已也則輶軒之使採而進諸太史以備石渠天

祿之遺豈非經國不朽之宏業天下之

文章莫大于是者哉

昔

康熙二十二年歲在癸亥季秋月朔山

陰庠生金烱譔

康熙癸亥仲春賜進士第文林郎知會稽縣事雲間王元臣損俸重脩

縣志

一

會稽縣志目錄

會稽縣志 目錄

會稽縣志目錄終

總論

王者大一統郡國以上其志于天子而職方以時稽核焉故職方所載疆域一本禹貢蓋禹親歷天下山川而紀綱之是以後世職方之書未有及禹貢之詳且贍也而會稽之先其國爲禹後于春秋爲越國郡始于秦漢縣建于陳隋其疆域固不待章亥之步隸首之數而可悉之也夫漢高雖都關中過沛而作大風歌曰吾神靈猶應思沛况聖人所端冕藏璧地乎緬想當日夏禹所至執玉帛者

萬國會于塗山計其浮磬孤桐大貝南金錫貢則壤于此中者當何如耶猗與盛哉不啻如躬躋夔龍之列而紀其王會之圖矣志疆域第一

夫儒者之學貴有濟于斯人空言亦何裨哉觀于越大夫種蠡非昔儒所謂霸者佐乎然考其爲越所建城郭皆仰觀俯察研嘶于陰陽消息而爲之故所築不必擘靈踐華借箸于魚復之浦所謂蠡城廓而外周蓬萊之賦已紀其勝事于千古矣縱隋之楊素嘗大築斯城而修之亦在其範圍中爾

志城池第二

夫名人好遊佳山水名人亦好志佳山水然而佳山水不能悉遊更不能悉志古軒轅氏鑄鏡于此湖鏡成而仙去故秦皇慕其事而來遊計當日秦皇所至雄悍大臣劍戟武士燕趙粉黛錦帳翠輦牙檣畫鷁無不扈從而求所謂神仙者又安在耶乃赤珪如日碧珪如月之書藏于宛委之禹穴漢太史令司馬遷探得之故著史記一書人謂其藍本有所自云志山川第三

望銀漢之胥濤而興其忠君之念讀黃絹之漢篆而發其孝親之心古人之跡今人之志也今人之跡古人之志也然而善書者不必盡倣花放雲門之帖善舞者不必皆華陰之土而拭于耶溪之劍惟是鶴羽獨來于樵徑綵筆飛夢于江郎雖今人性靈不能遽勝于古人而古人性靈正自會通于今人夏雲釵脚兵曹特妙又況于古人之跡也志

古跡第四

盛王之世天不愛道地不愛寶故萬物之奇即天

地之任也紀夏書者錫貢于橘柚入三湘者擅芳于蘭蕙昔賢云愛養花木者如愛養英才愛養英才者如愛養花木言經綸之無不在也篠簜在東南之美玉芝發晏嶺之奇亦採風者之所必錄矣

志物產第五

夫子曰性相近也習相遠也言習之足移乎性也自身心之教息而聲色之足以動民也自人倫之道衰而鬼神之足以惑民也自聖賢之學微而佛老之足以誘民也于巖競秀萬壑爭流多梵宮琳

宇又士大夫之所學半墮于禪宗窠臼而不能自出何恠乎無冬無夏值其鷺羽大姬之好日在民閒而家絃戶誦之儒視臨春結綺之尚爲空谷足音也吾安能載杞人之筆呵沅湘之壁而問焉志

風俗第六

志天下之災祥者志焉而有益于天下也志一邑之災祥者志焉而有益于一邑也蓋東南之民不病旱而病水不患于山之災而患于水之害至于海颶爲加甚焉惟在築塘以捍其猛迅之勢護閘

以謂其常流之分視河防之工爲相半焉毋徒曰入在鏡中舟行畫圖置艮鼇隹麥于不問也志災祥第七

夫取吾民之力而夏賦秋稅之其去古什一之征也幾何矣果盡倣一條鞭之法而徵之乎果共遵賦役之書而徵之乎爲民上者念吾民于數十年之前念吾民于數十年之後令吾民知有田賦且不知有田賦則不止爲一邑之田賦謀而後可以宰天下之田賦上計于司農之書矣志田賦第八

越多賢郡守皆加意于水利而著績于水利焉蓋越固水國讀馬公之疏湯公之碑幾有水之利而無水之害然兩袖清風披拂于錢清之渡八百圖畫縹緲乎鏡水之濱而其源皆發于舜之江觀之者亦可遡其源而得其利矣曾子固鑑湖圖說又不可不讀也志水利第九

學之由來尙矣離經辨志操縵安絃皆居其地而爲之習其師而親之未有人自爲師家自爲講不登作者之堂而躋于聖賢之域者也故郡縣之學

必如太學之制朝虔而夕糾焉庶幾天下之所謂學者可比隆于三代之所謂學矣雖然治事之齋良知之席鵝湖之院又當取白鹿之遺規而讀之固不僅在浩然所云襄陽山水間也志學校第十

古之動民者以實不以文以人不以神蓋得乎人之所以爲人始得乎神之所以爲神當日忠孝節烈之士豈意後人春秋尸祝而後爲之哉人自春秋尸祝之耳吾學之不正由于吾心之不正雖欲二端之不盛也其可得乎右軍宅化空王寺賀監

家爲羽士宫何似先生舊池館春風常在杏壇中深味此詩亦可得乎祠祀之所尚矣司風教者其加之意焉志祠祀第十一

越以君子八千人沼吳而會盟于上國至天王且賜賀以黼黻金鼓吳雖有犀兕之甲荼墨之軍亦何爲也哉故會稽竹箭之美比于淇園而淇園之竹又何如淇園之玉也厥貢瑤琨切磋琢磨焉以君子之學而爲公侯腹心之選則海防汛堠之法不可不夙講也志武備第十二

國家有百官志而百官于所職之事各有題名記亦曰自歌鳴鹿而來無不題其名茲不可以不題其名所以著戒而垂後也或戴星而治或鳴琴而理勞逸賢否無不視此矣觀于昔之所因而可以得令之所革觀于前之所是而可以知後之所非中牟之令藍田之尉又何古今人不相及乎志職官第十三

科目可以得賢人乎曰否辟召可以得賢人乎曰否惟辟召與科目並行而不悖後可以得賢人也

漢以四科取士不專尚制策唐宋以十等取士不專尚詞賦辟召所得之士亦與科目相半焉近代所謂炳耀竹帛垂譽鐘鼎者非科目不爲功亦獨何哉然羊裘而釣于富春著易而隱于金庭又不可得而辟召之矣是在盛王之蒲纁有以待之志選舉第十四

天地生才不一人而人之不負其所生非一事惟不一人而人之出奇者無窮惟不一事而事之出奇者無窮然其人其事不恒有而適還于性分所

國然此人物之所以無窮也會稽自越君臣辛苦
謀國習諭石室玉門之書蓋有禹之遺烈焉夫聖
人可學而至而忠孝節烈本吾所自有虞繇所陳
與十朋所賦惟在上有以作而下有以應則風流
如大令至行如江公皆玉皇仙吏之所長養也志
人物第十五　董念陛

凡例

一是書于康熙辛亥歲開館于陶文簡公之祠內欽德三年辛苦始得告成其志引如沿革設官山川古積物產風俗災祥田賦上中水利祠祀職官選舉名宦列傳係徐文長先生原稿如薦辟貢生舉人進士武科寓賢理學儒林忠節孝義隱逸仙釋方技列女本之張陽和先生之郡志因郡邑兩志俱出自先生手定故也其田賦下係新賦役全書學校武甲特用原係新入志引出自先君之筆

未幾而印板殘闕漸成汲冢　邑侯崑山王公慨然念之正值纂修之命捐俸詳訂始得完書其有功于是書者不淺矣

一舊志以郡事入邑爲悖欲明乎沿革也但未建邑以前有神禹會計始皇游幸二大事則邑所必載謹備錄以遡源委

一舊志闕學校今志獨學校爲最詳葢

朝廷建學育才督以憲臣聯以師儒典莫重焉故原本闕里志蘇州府學志參酌成之

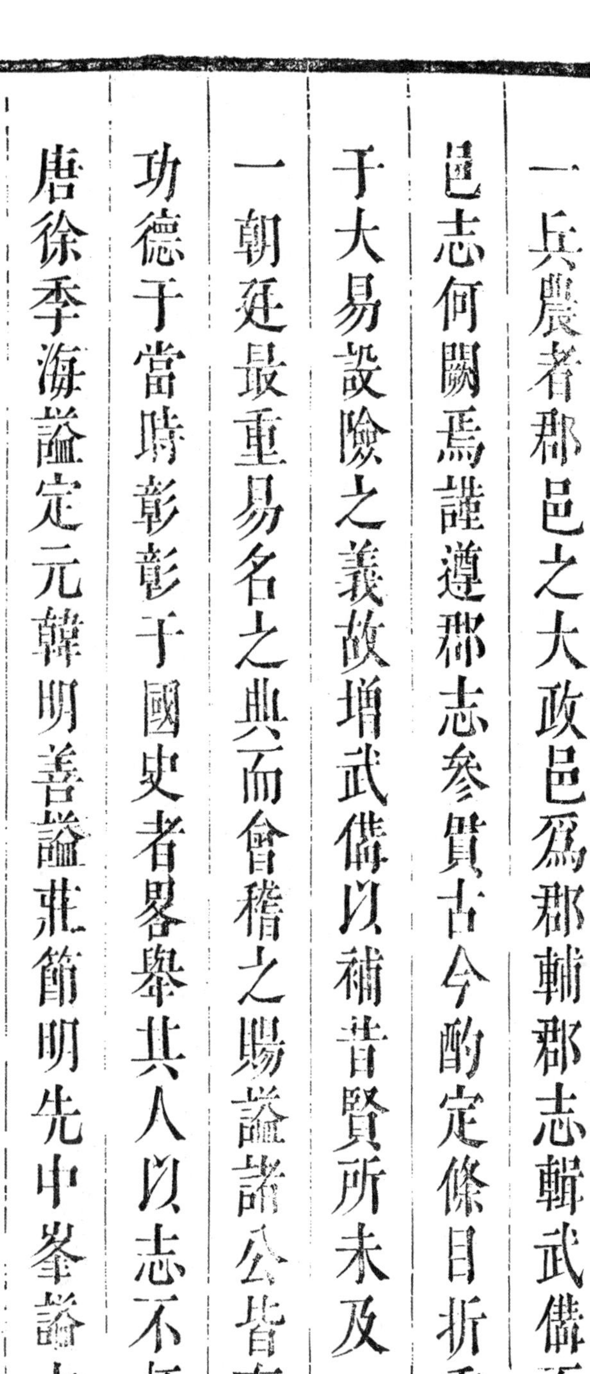

一兵農者郡邑之大政邑爲郡輔郡志輯武備而邑志何闕焉謹遵郡志參貫古今酌定條目折衷于大易設險之義故增武備以補昔賢所未及

一朝廷最重易名之典而會稽之賜謚諸公皆有功德于當時彰彰于國史者畧舉其人以志不朽

唐徐季海謚定元韓明善謚莊節明先中峯謚文簡陶南川謚莊敏陶虞臣謚文僖陶泗橋謚恭惠羅一甫謚文懿陶石簣謚文簡王墨池謚恭簡倪鴻寶謚文貞

一節烈與列傳不同列傳有事業之高下節烈則同一堅貞而已如曰旌而後傳惟素封之家子孫昌大者斯力爲之否則盡湮沒矣故輿論所推許者多載數人以勵廉耻至無子守節尤不敢遺若妾之守貞舊無旌表之例故多闕焉確有見聞亦必及之

會稽縣志卷首

圖畫共二十六幅

會稽縣志
四境圖
瀝海所
豐山
東關驛
曹娥江
東至上虞縣界
鳳凰山
蒿尖
梁湖渡
銀山
梅
鵝山
東小江
石龍山
南至嵊縣

三江所
土城山
少微山
會稽縣
箬簣山
白塔洋
獨樹洋
龍尾山
葛山
鹿池山
緱山
南鎮
天柱山
會稽山
禹陵
赤堇山
石甕山
寶山
賀家池
新婦尖

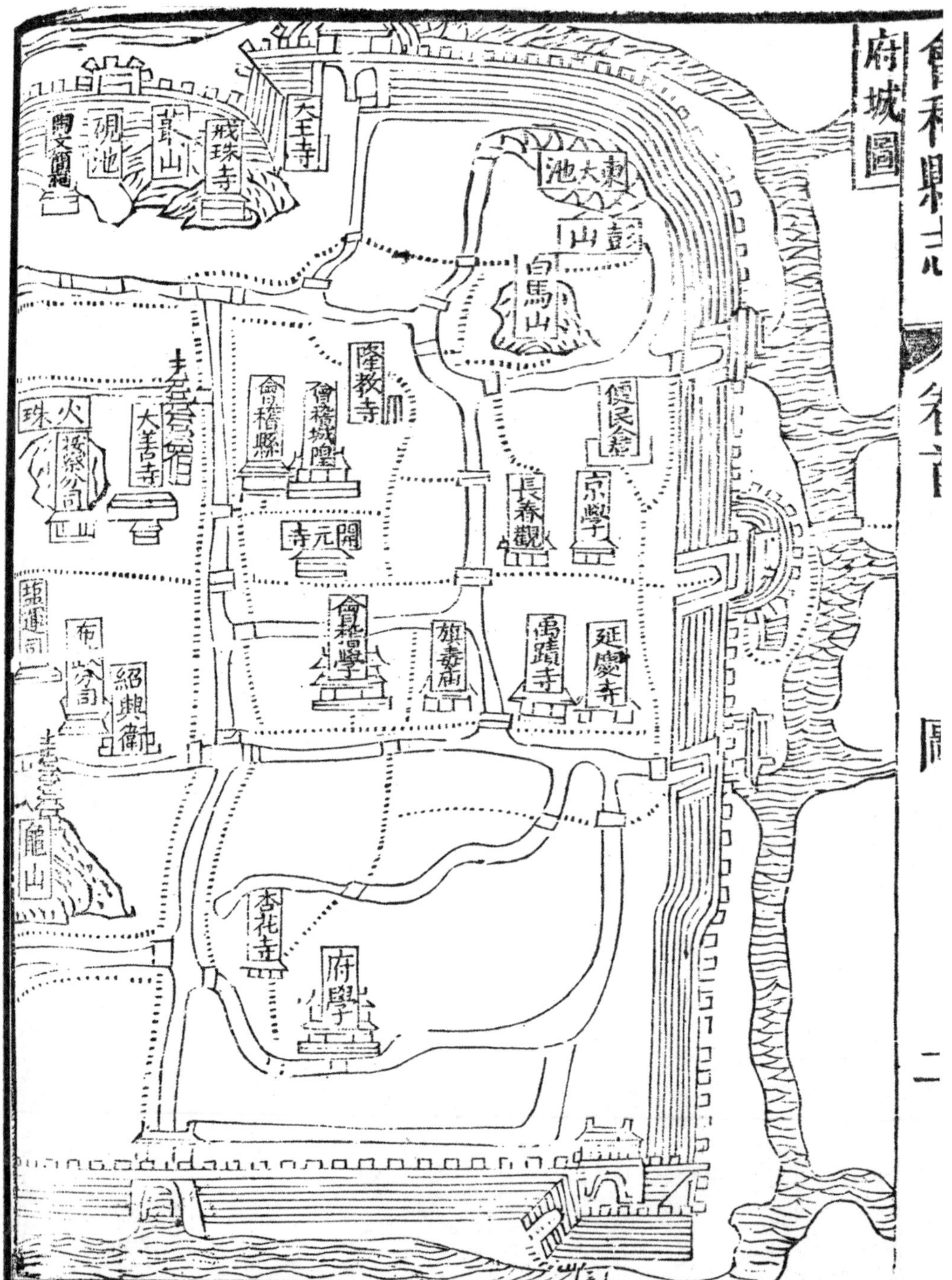
會稽縣志
卷首
圖
二
府城圖
大王寺
戒珠寺
蕺山
硯池
東大池
彭山
白馬山
隆教寺
會稽縣
會稽城隍
火珠
按察分司
大善寺
開元寺
便民倉
長春觀
宗學
運司
布分司
紹興衛
會稽學
旗纛廟
禹蹟寺
延慶寺
龍山
杏花寺
府學

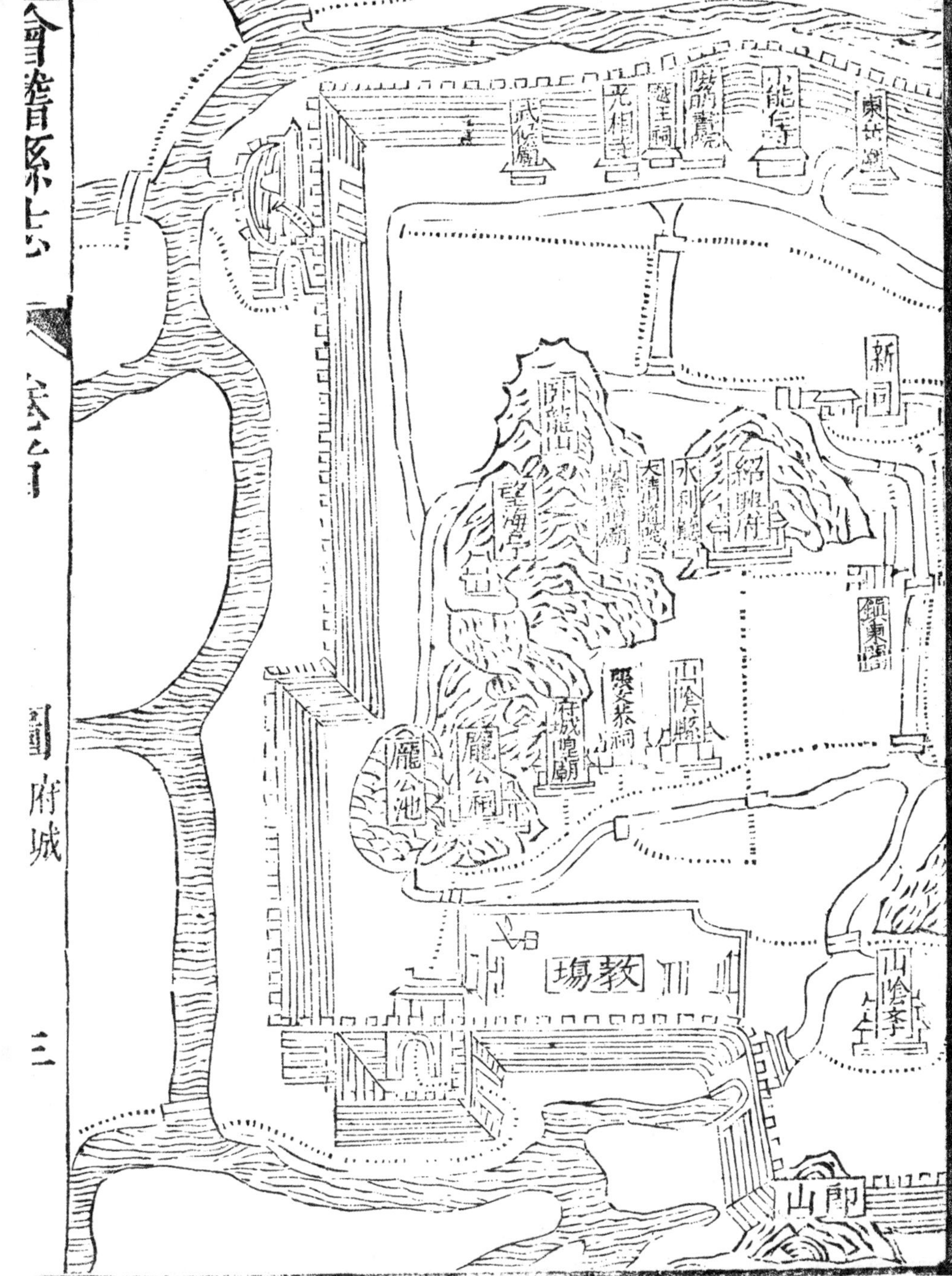

光相寺
卧龍山
望海亭
紹興府
鎮東閣
山陰縣
府城隍廟
龐公祠
龐公池
教場

瀝海所圖
餮風寺
張帝廟
烽候
瀝海所
荷花池
烽候

烽候
黄家堰廵司
普慈寺
張神廟
烽候

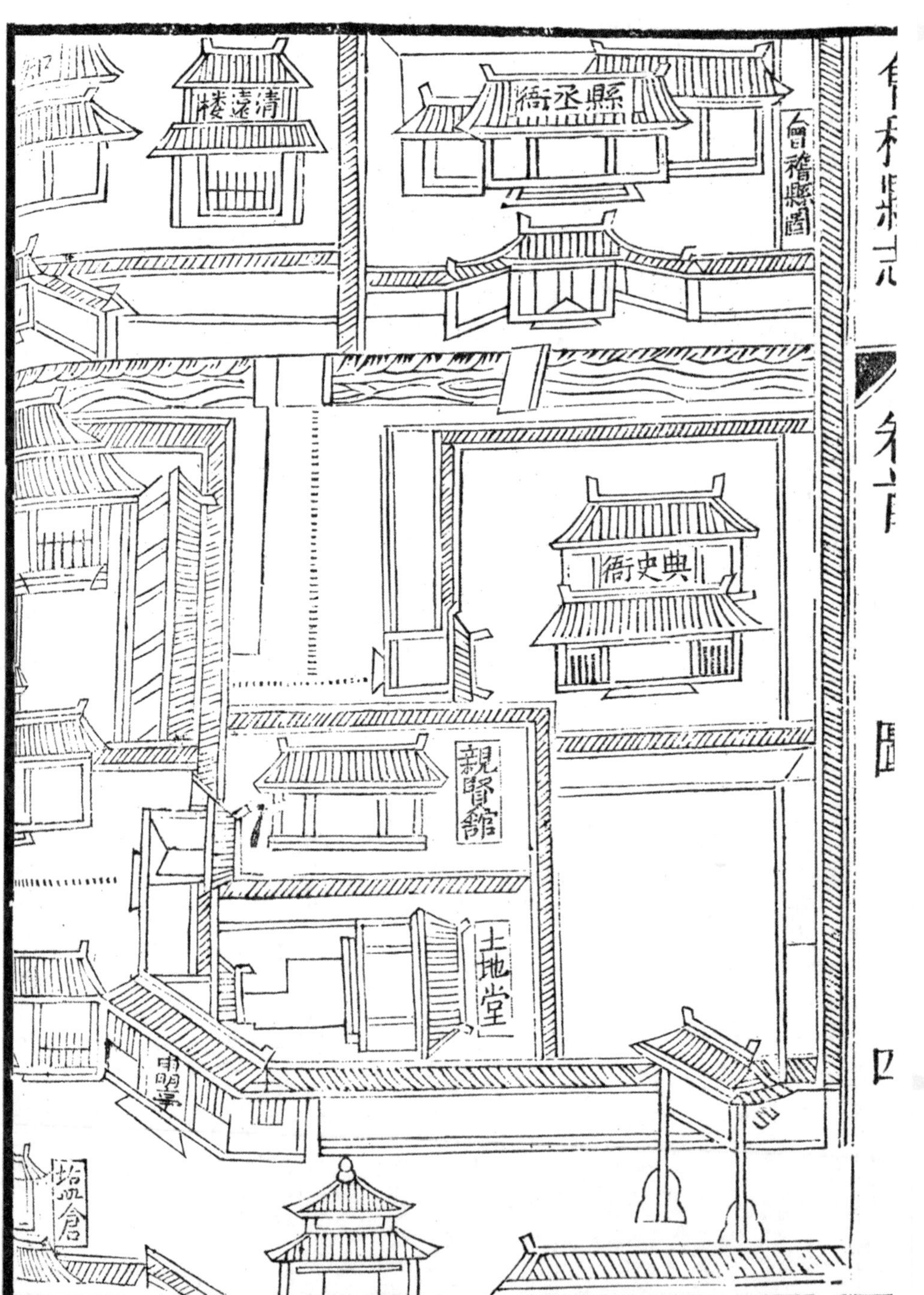

清遠樓
縣丞衙
會稽縣圖
典史衙
親賢館
土地堂
申明亭
塩倉

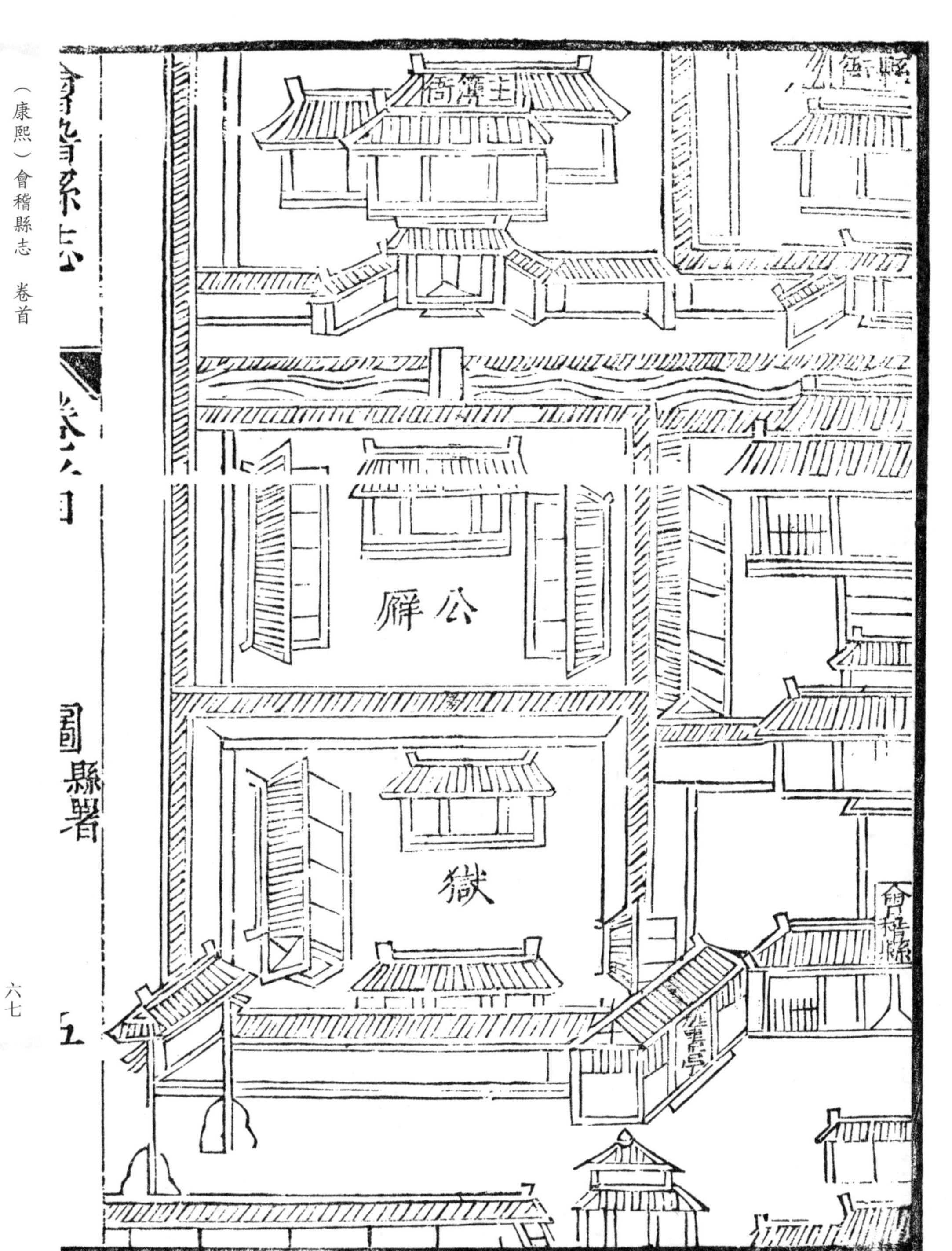
會稽縣志　卷之首
圖　縣署
五
主簿衙
公廨
獄
會稽縣

會稽山圖
防山
東北觀嶺
降仙臺
古亭

會稽縣志

卷首

圖　會稽山

香爐峯

養魚池

越王舊城

南鎮

茗鳴

社稷壇

淘沙徑

飛泉

禹陵

秦望山圖
李斯碑
錢公巖

巨石

會稽縣志
卷首
圖
七
若耶溪圖
五雲山
明覺
横山
禹廟

會稽縣志　卷首　圖　雲門山

鑑湖圖
秦望山
鑑湖亭
道士庄
和尚橋
鑑湖舖
則水牌
西墟牐
廣陵斗門
新堰牐
陶家堰
白樓閘
白樓堰
中堰
石堰
胡桑埠
沉釀堰
蔡家堰
葉家堰
許堰
章家堰
賓舍堰
抱姑堰
西小江

鑑湖
天柱山
南鎮
會稽山
山川壇
禹陵
蒿尖
蒿口斗門
方千島
三橋閘
曹娥斗門
樊家堰
許家堰
曹娥壩
彭家堰
瓜山斗門
王家堰
夏家堰
龍家堰
正平堰
樊江堰
皋部堰
石堰
則水牌
少微斗門
小陵閘
東郭閘
都泗閘
曹娥江

海塘圖
臨山衛
千墩
來勝菴
韓家村
老寨
四門鋪
第四門
周家路
方家路
毛家路
干家路
化龍鋪
張家路
許家路
崔家路
傍家路
三山所
白沙路
祭山墩
三山巡司
龍山

夏盖山
夏盖湖
荷花池
前庄
趙村
西花
施家堰
前江壩
後村
陳家村
周家鋪
姚家大
王家大
余家溇
宋家溇
青山
仙姑菴
賀盤村
小金
瓜山
少微山
海塘

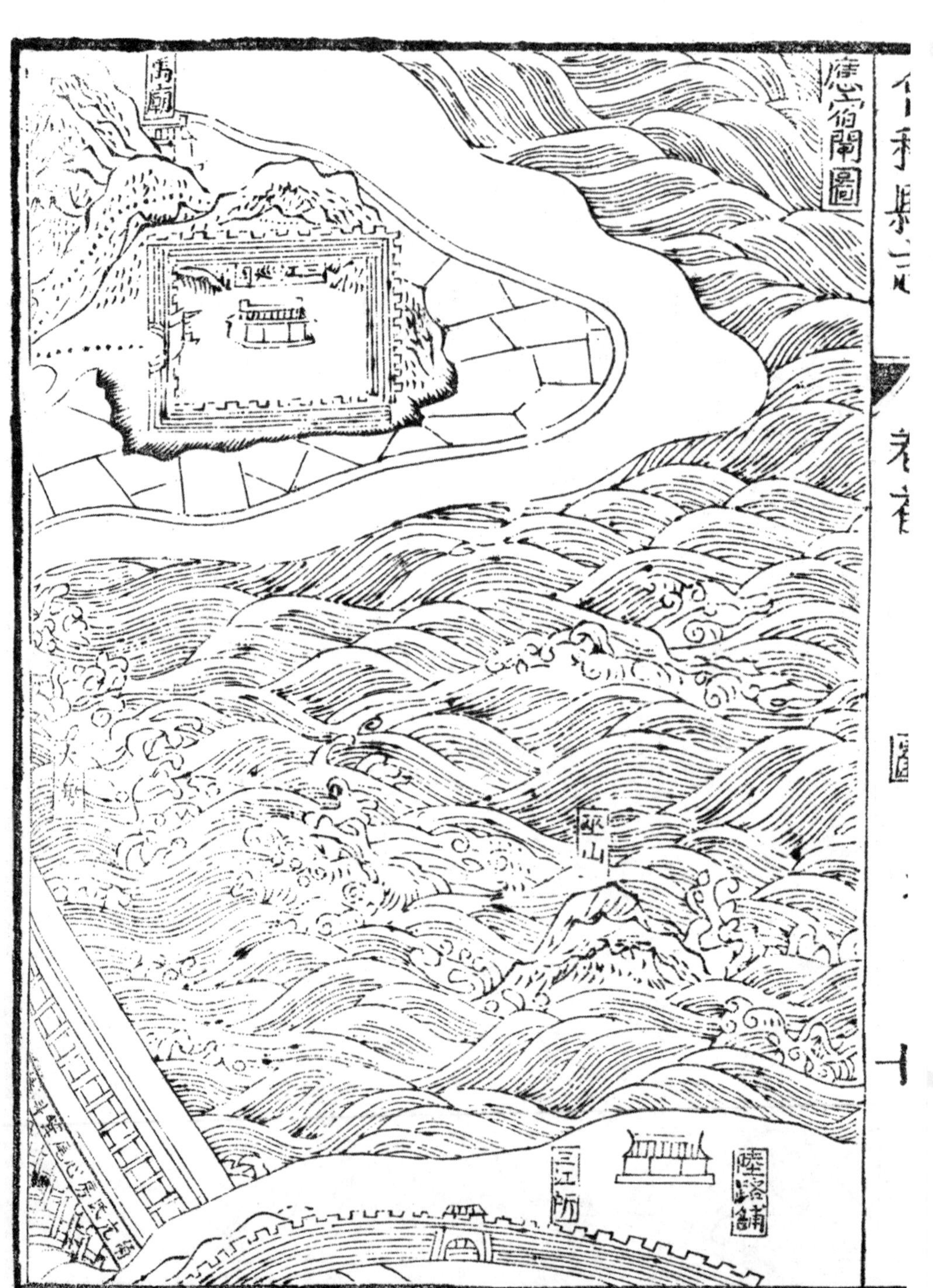
應宿閘圖
禹廟
巫山
三江所
陸路鋪

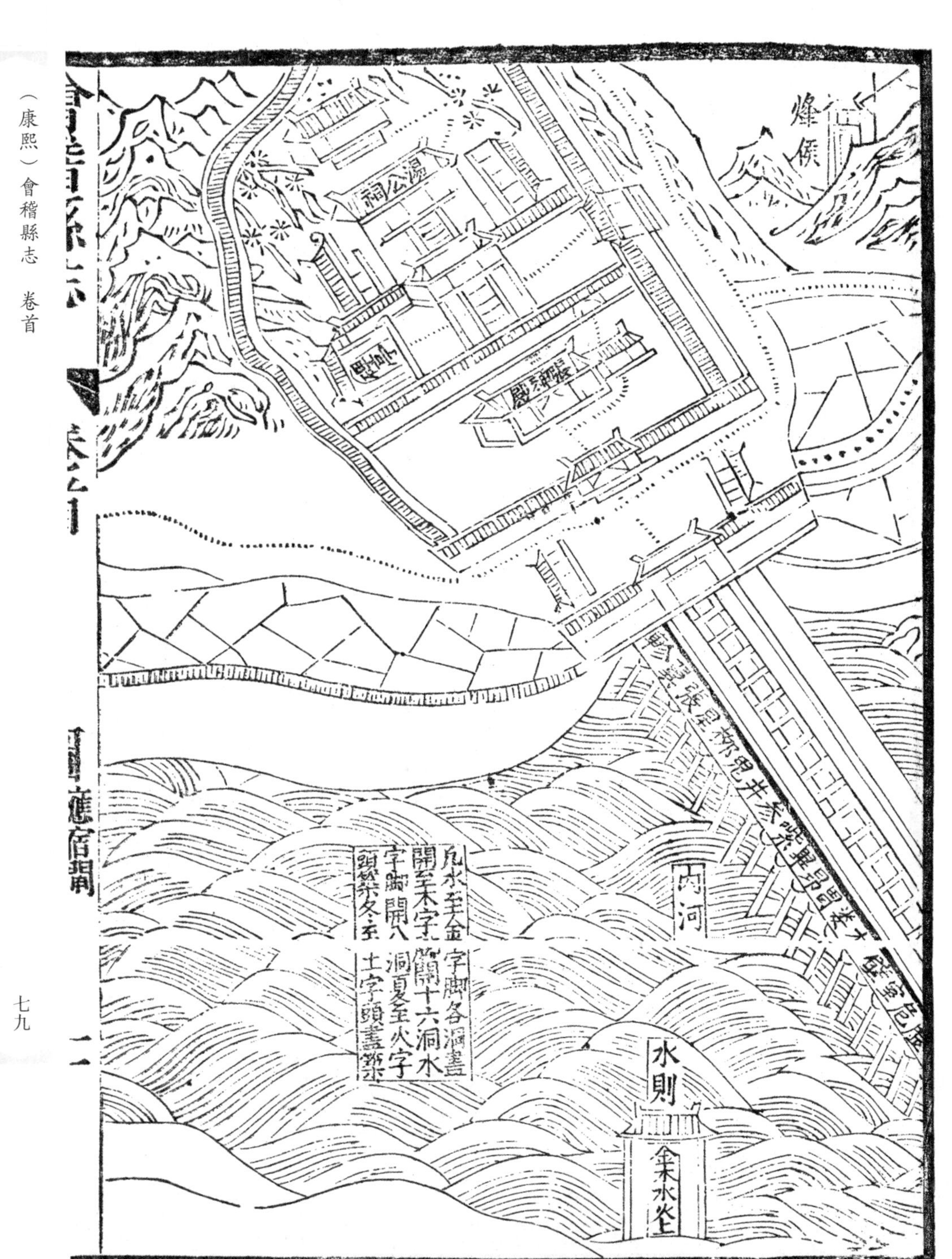
會稽縣志　卷之一
圖　應宿閘
二
烽堠
湯公祠
張神殿
軫翼張星柳鬼井參觜畢昴胃婁奎壁室危
內河
凡水至金字脚各洞盡
開至木字開十六洞水
字脚開八洞夏至火字
頭築冬至土字頭盡築
水則
金木水火土

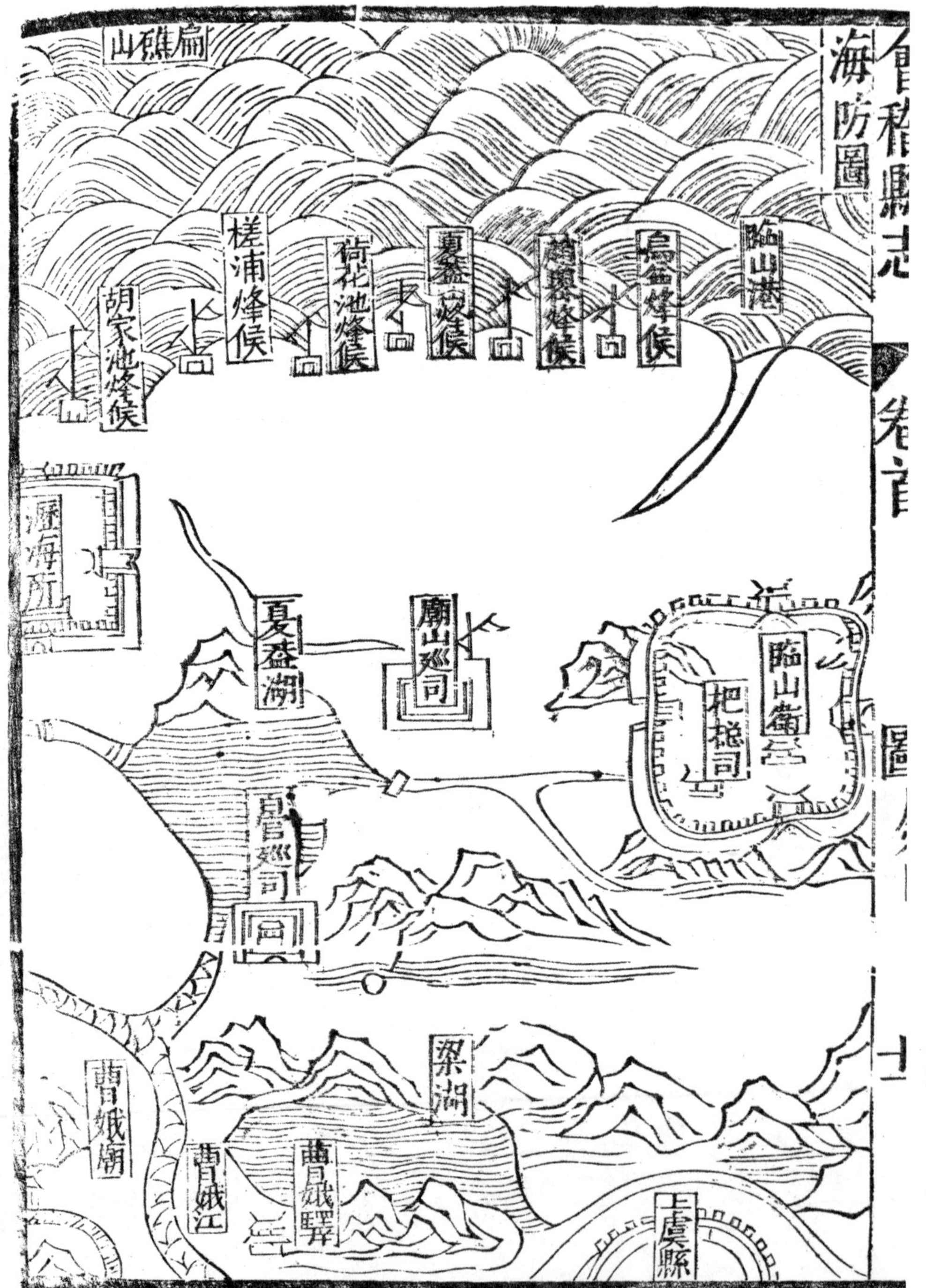
會稽縣志
卷首
海防圖
扁礁山
臨山港
烏盆烽候
荷花池烽候
槎浦烽候
胡家池烽候
瀝海所
夏蓋湖
廟山巡司
臨山衛
把總司
梁湖
曹娥廟
曹娥江
曹娥驛
上虞縣

蒙池烽候
三江巡司
三江港
宋家樓烽候
周家墩烽候
蟶浦江
西海塘烽候
黃家堰巡司
此紹興守湯紹恩所
建越民百世之利也
三江閘
桑盆烽候
櫘樹烽候
三江所
蟶浦渡

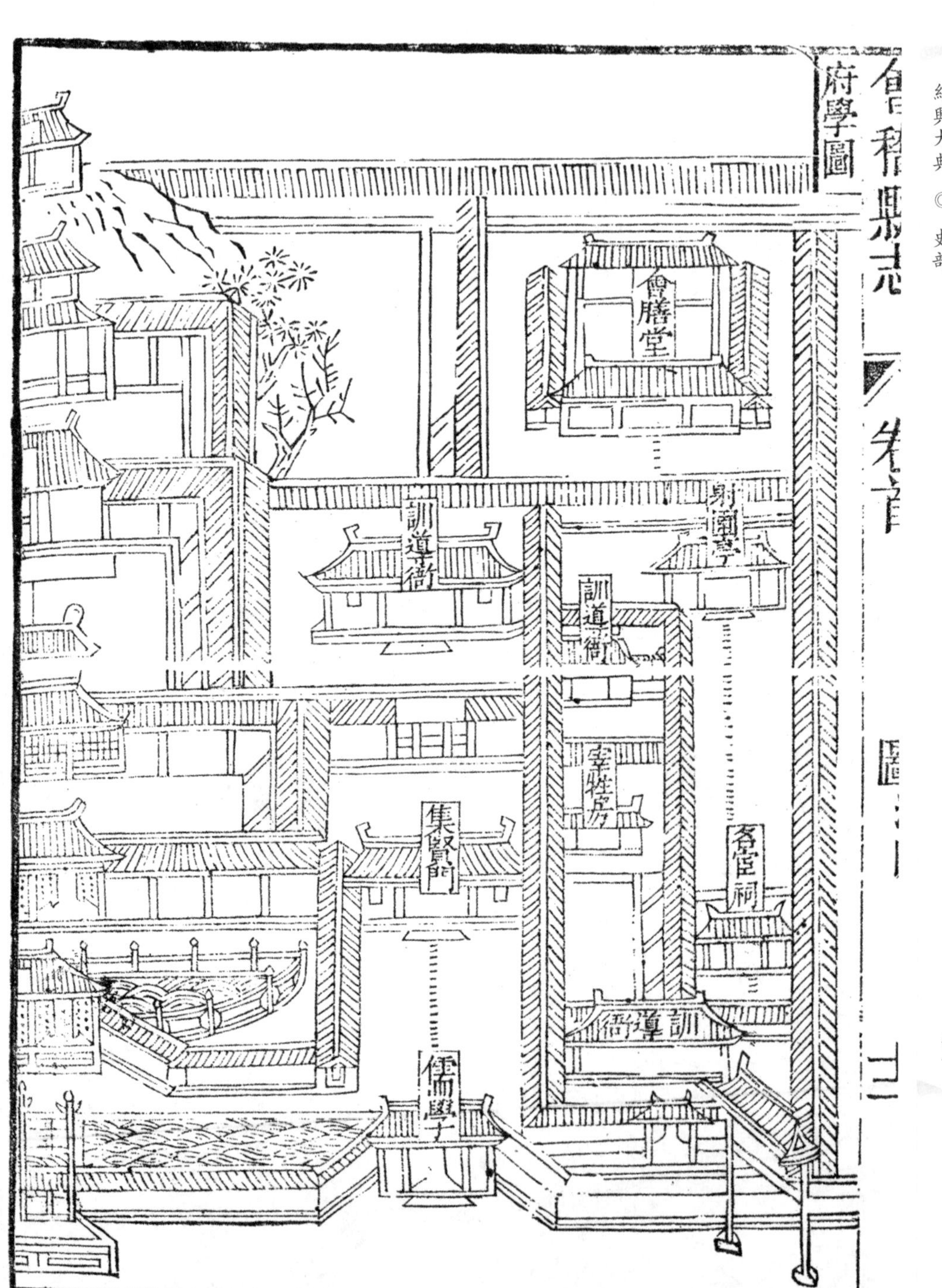
府學圖
會稽縣志
會膳堂
訓道衙
射圃亭
訓道衙
宰牲房
集賢門
名宦祠
訓導衙
儒學

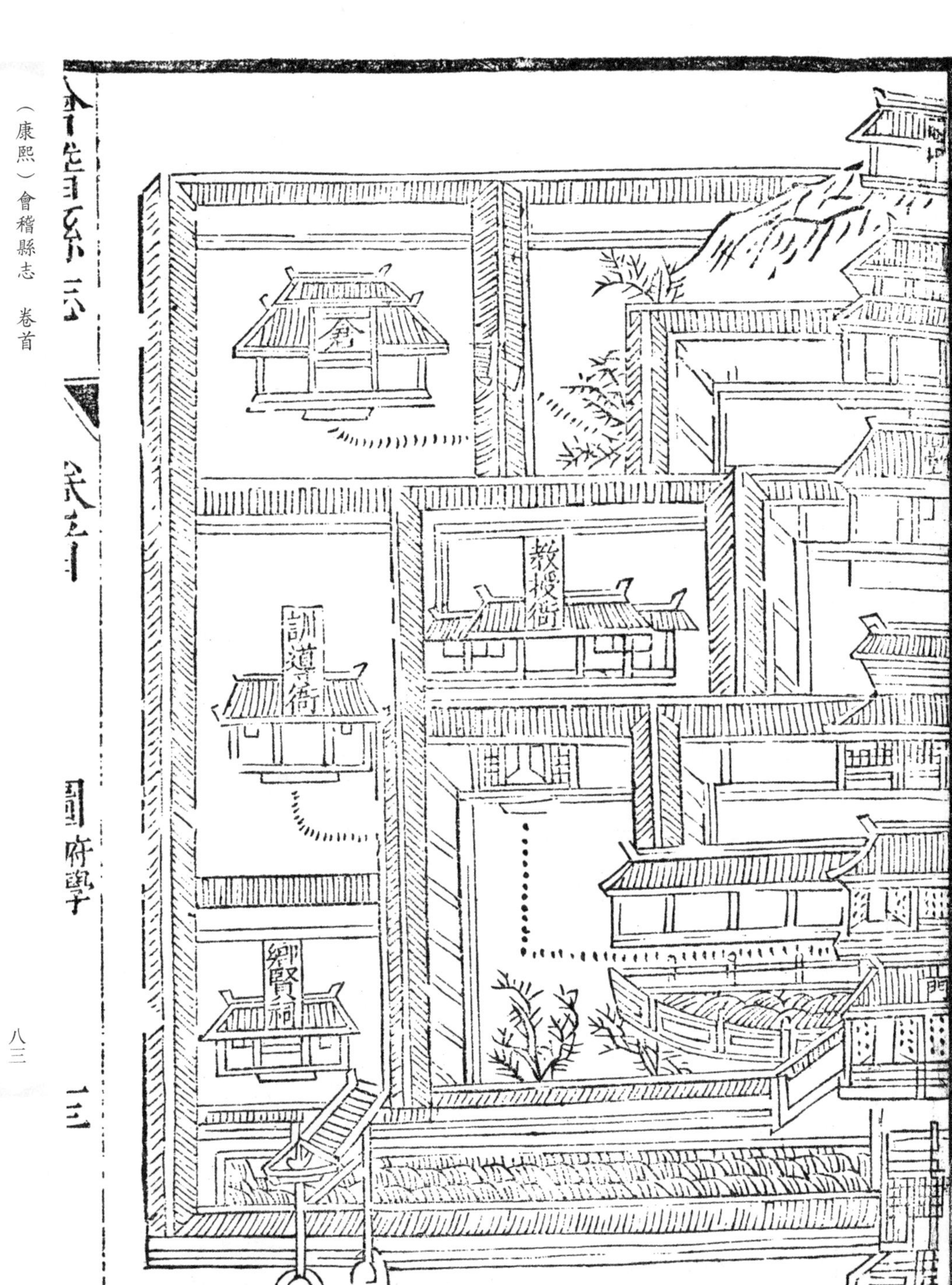
府學
三
教授衙
訓導衙
鄉賢祠

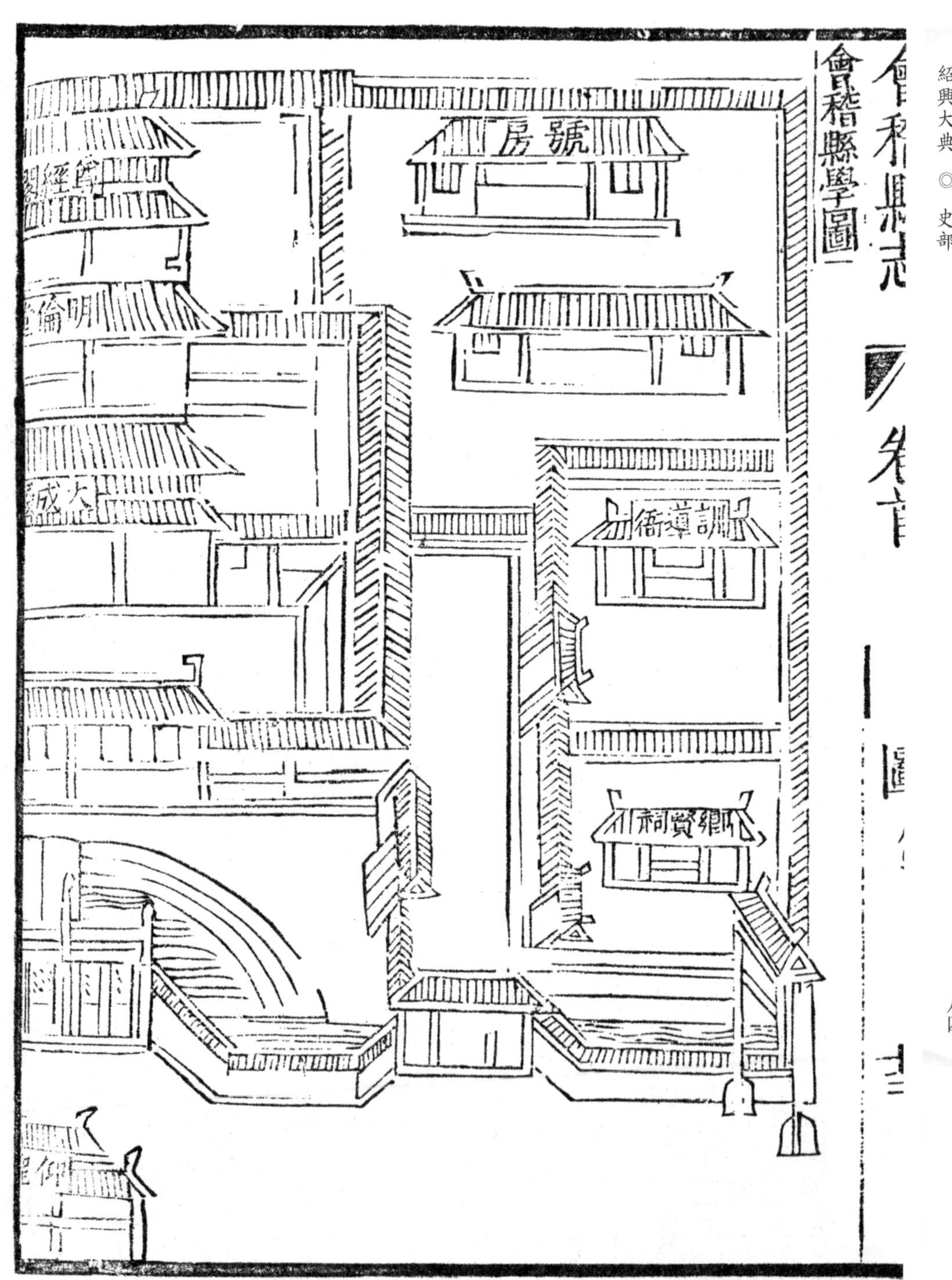
會稽縣學圖
號房
明倫
訓導衙
鄉賢祠

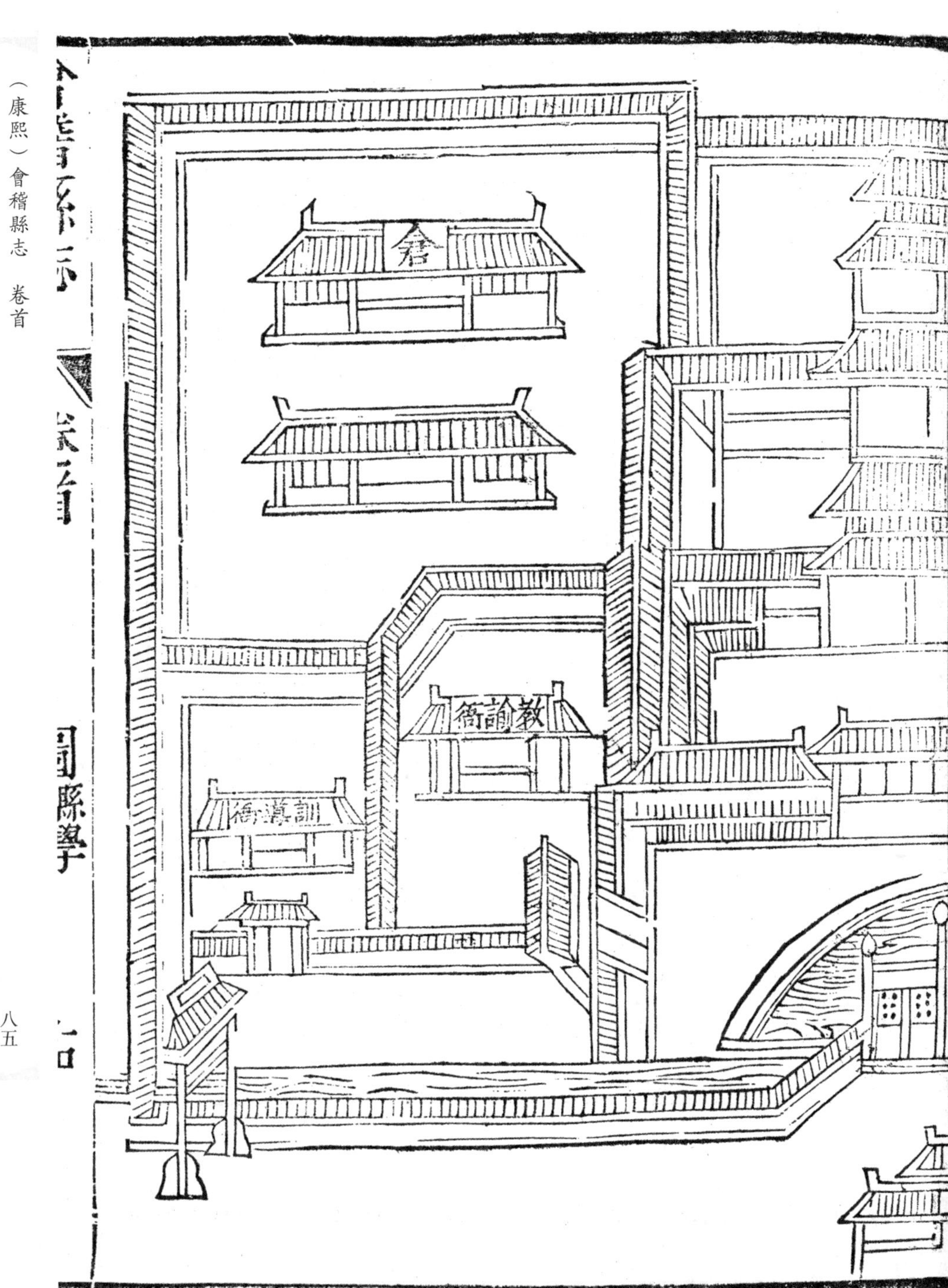
會稽縣志　卷首
圖縣學
倉
教諭衙
訓導衙

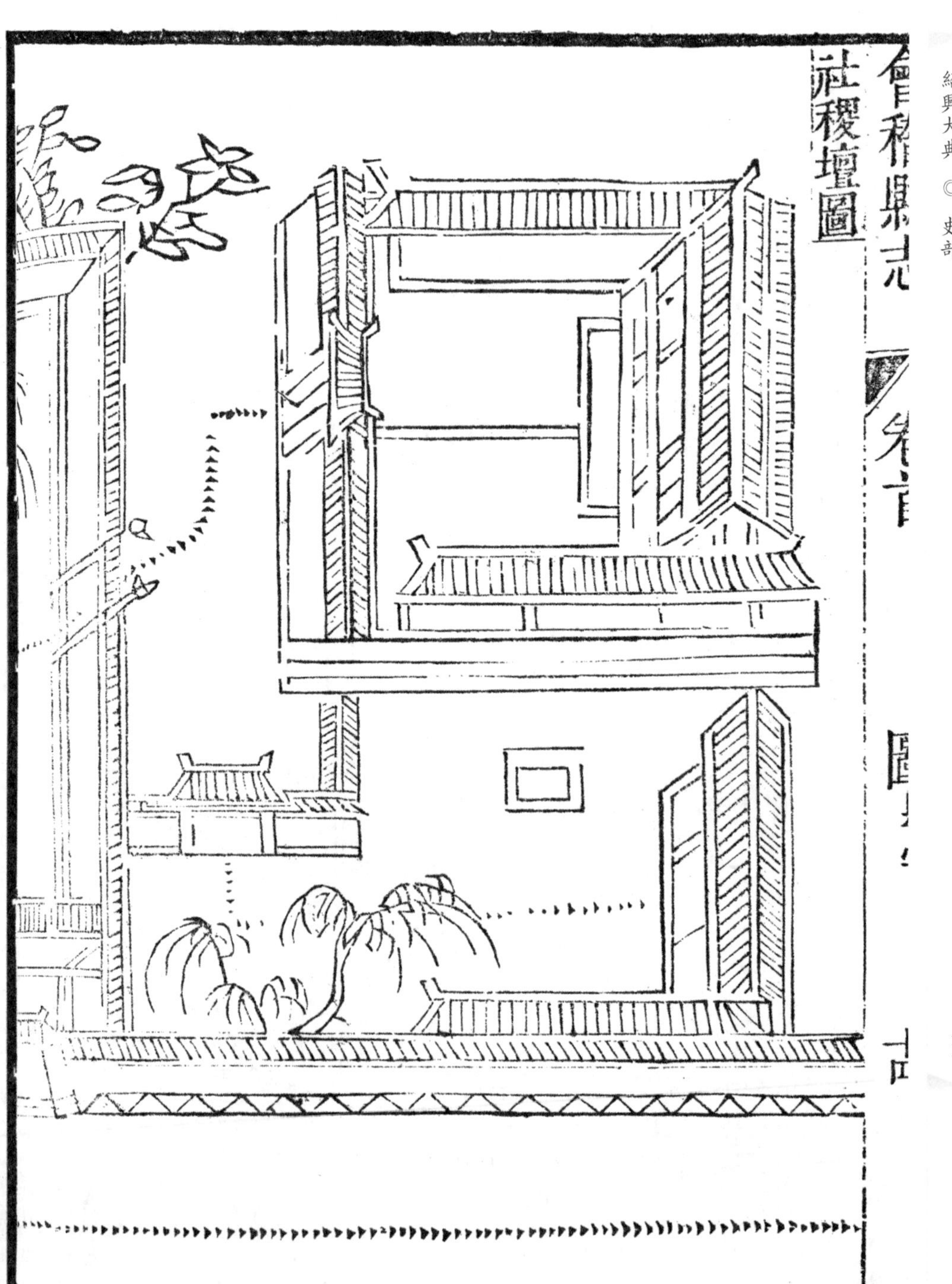
社稷壇圖
會稽縣志
卷首

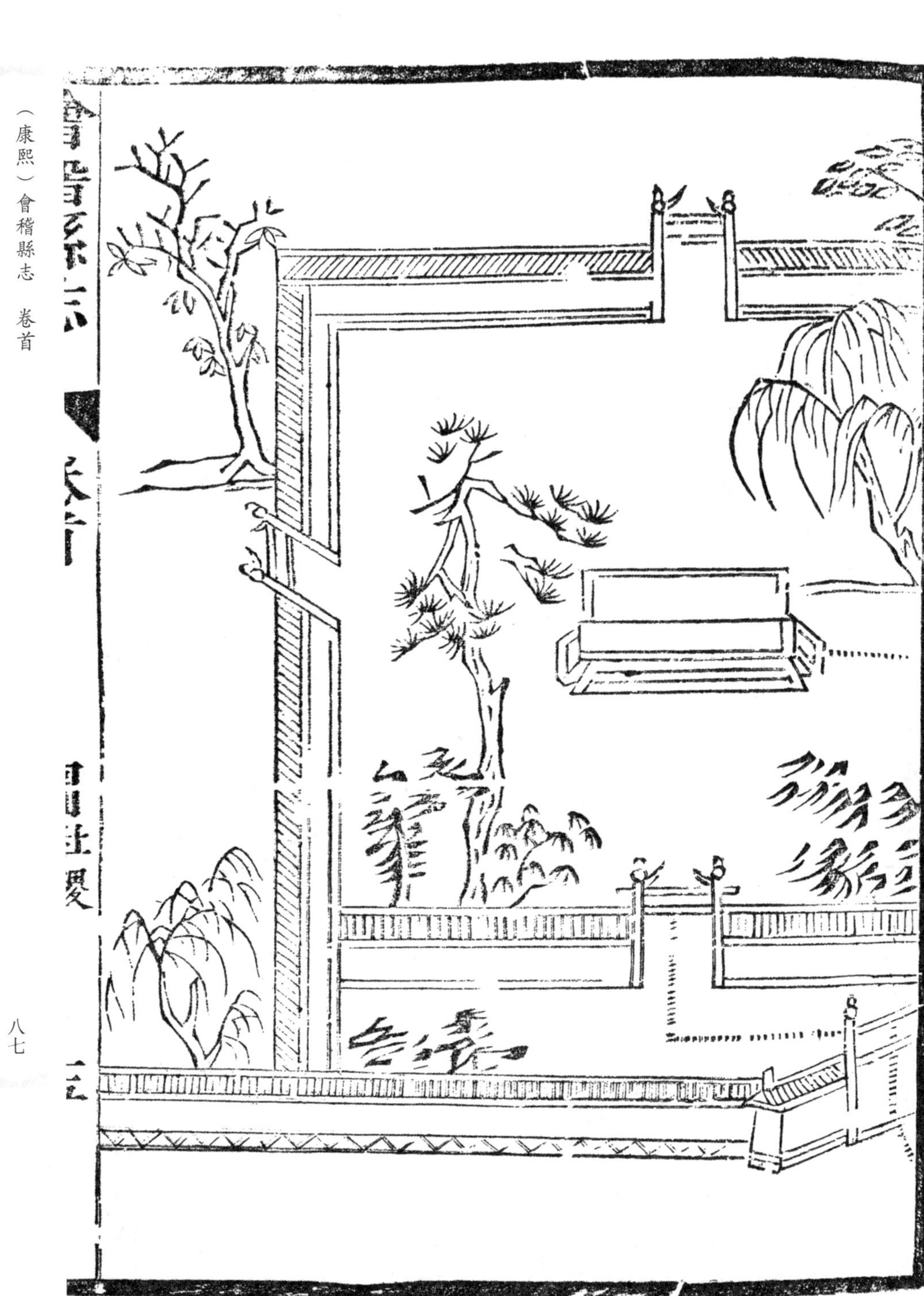

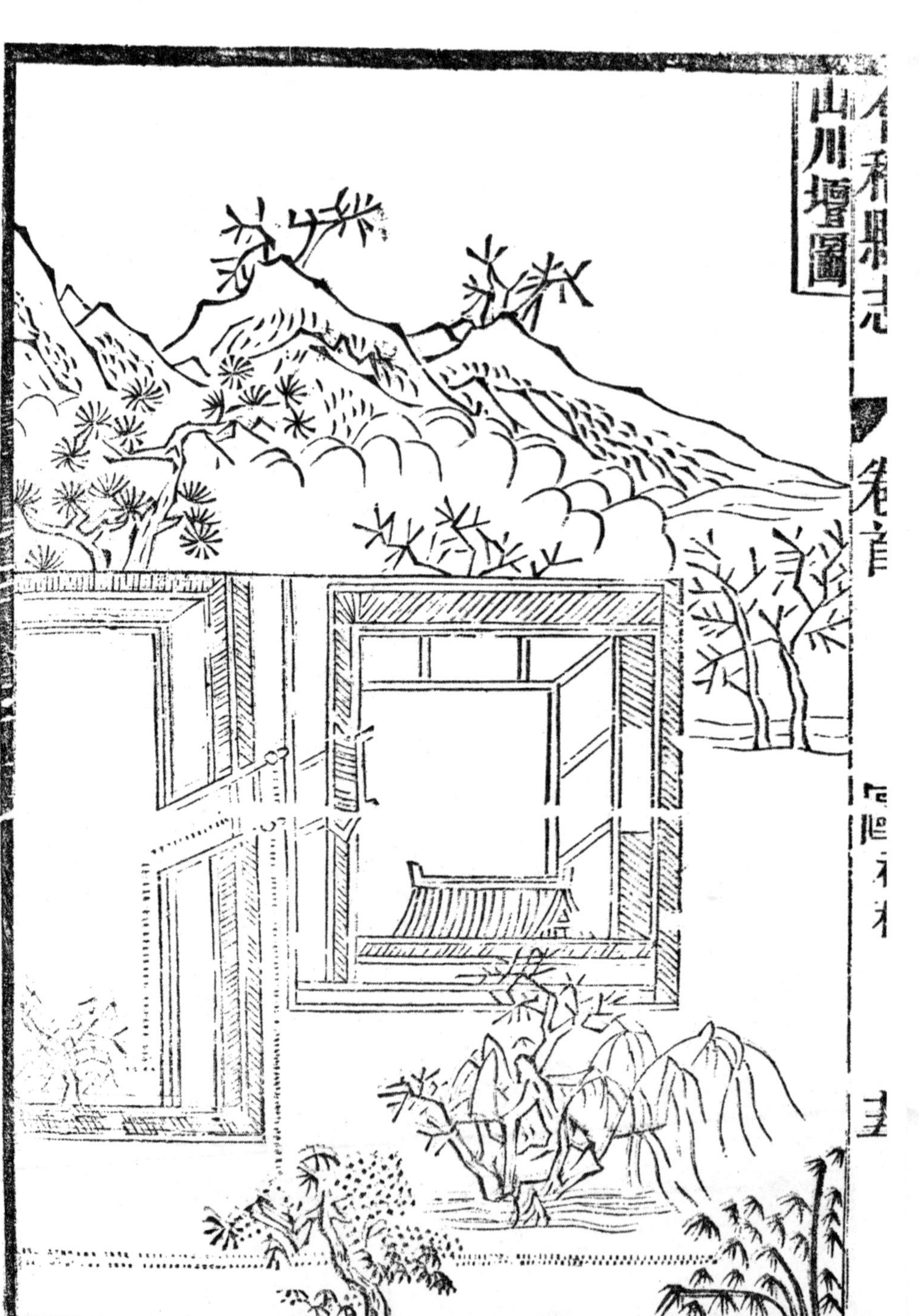
山川壇圖

會稽山
山川壇

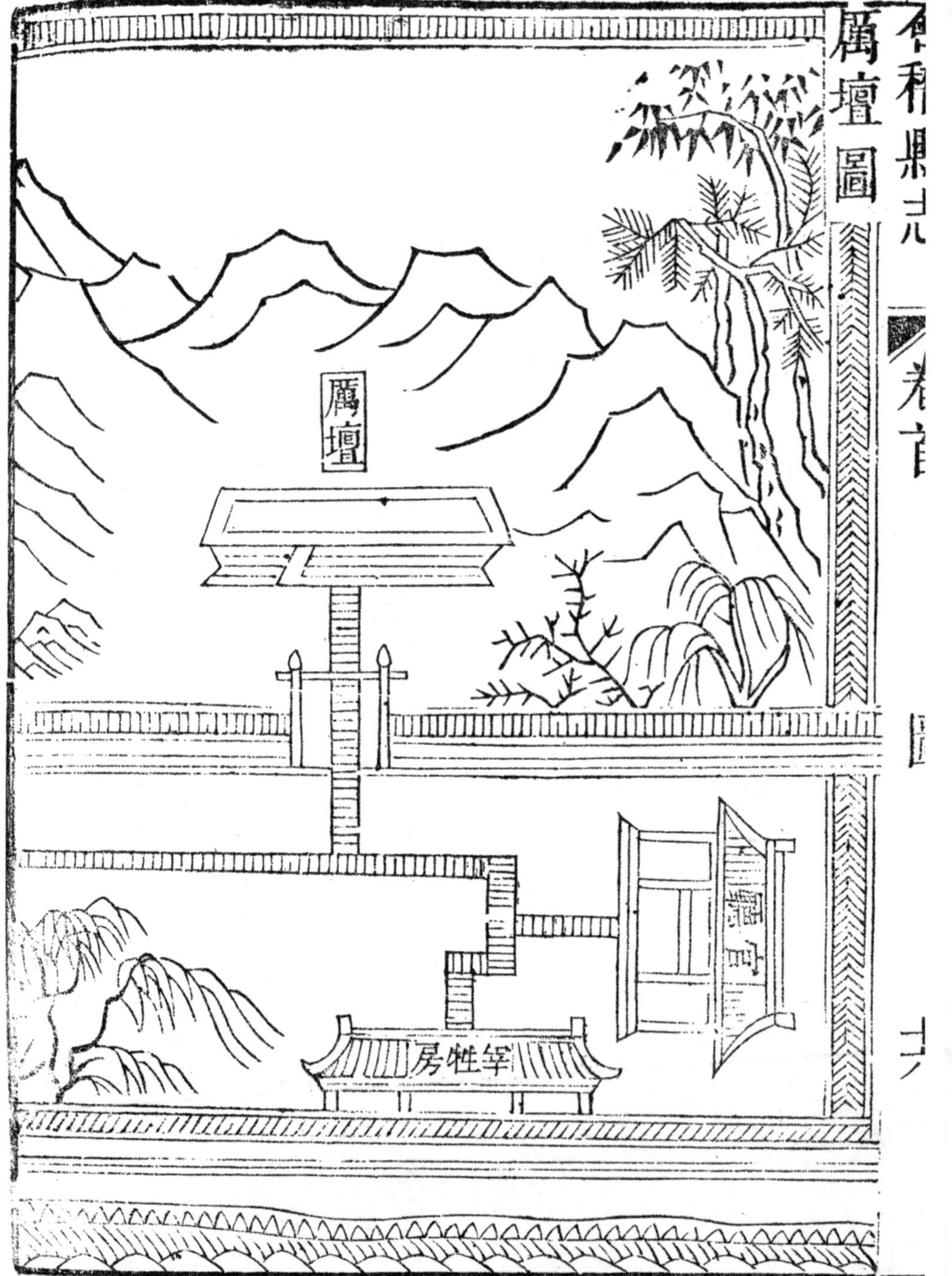
厲壇圖
厲壇
神廚
宰牲房

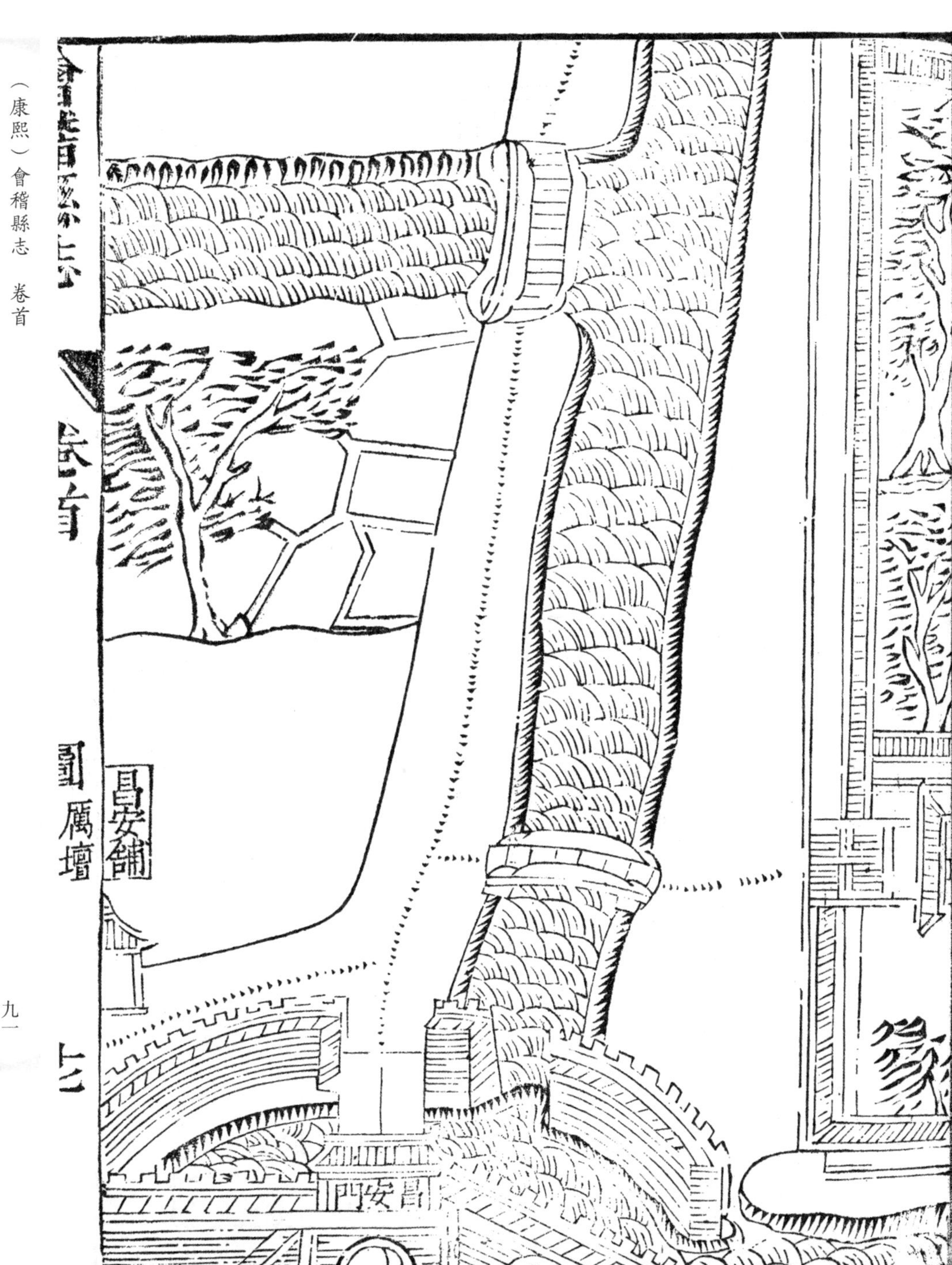
昌安舖
昌安門
厲壇

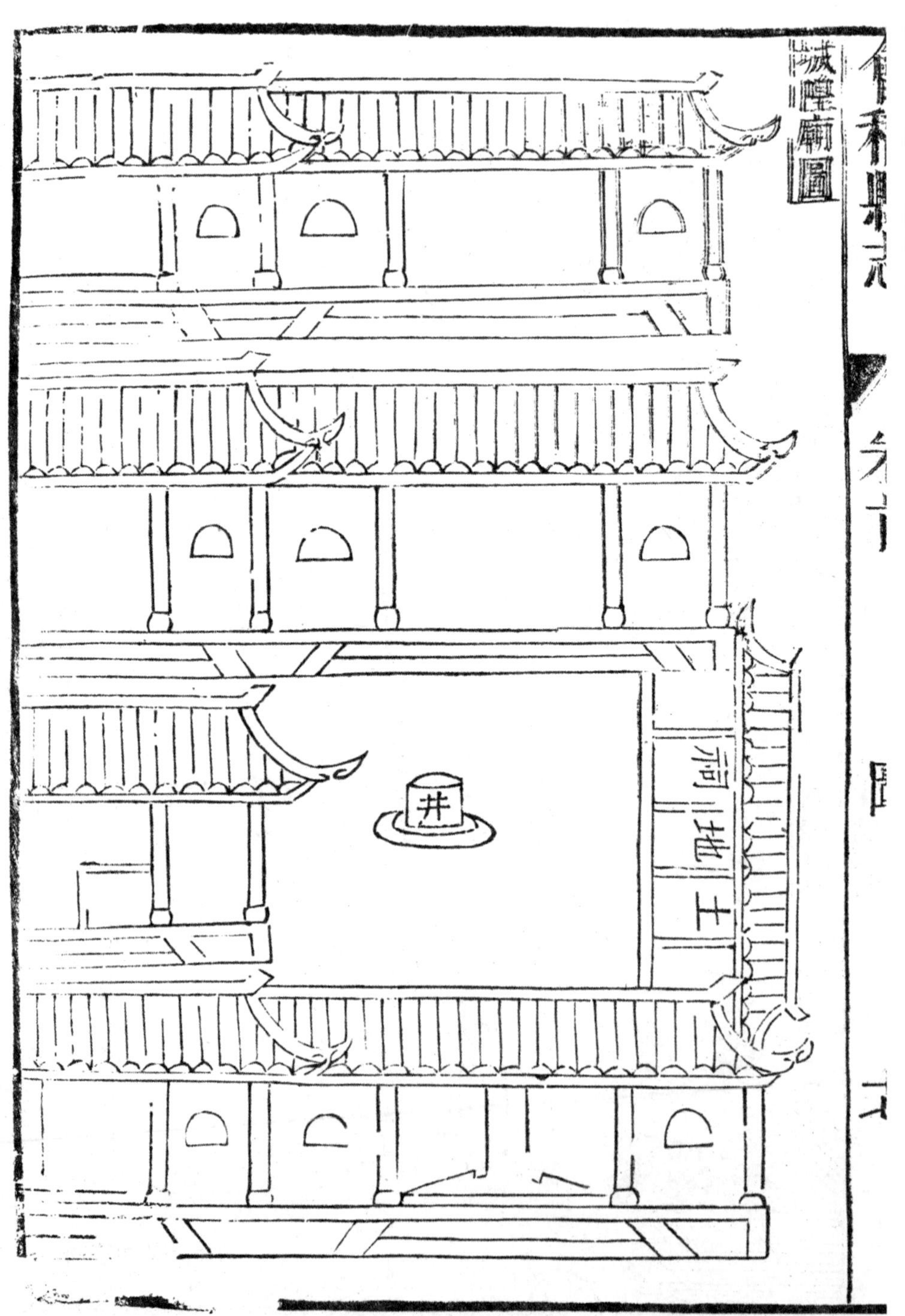
城隍廟圖
井
土地祠

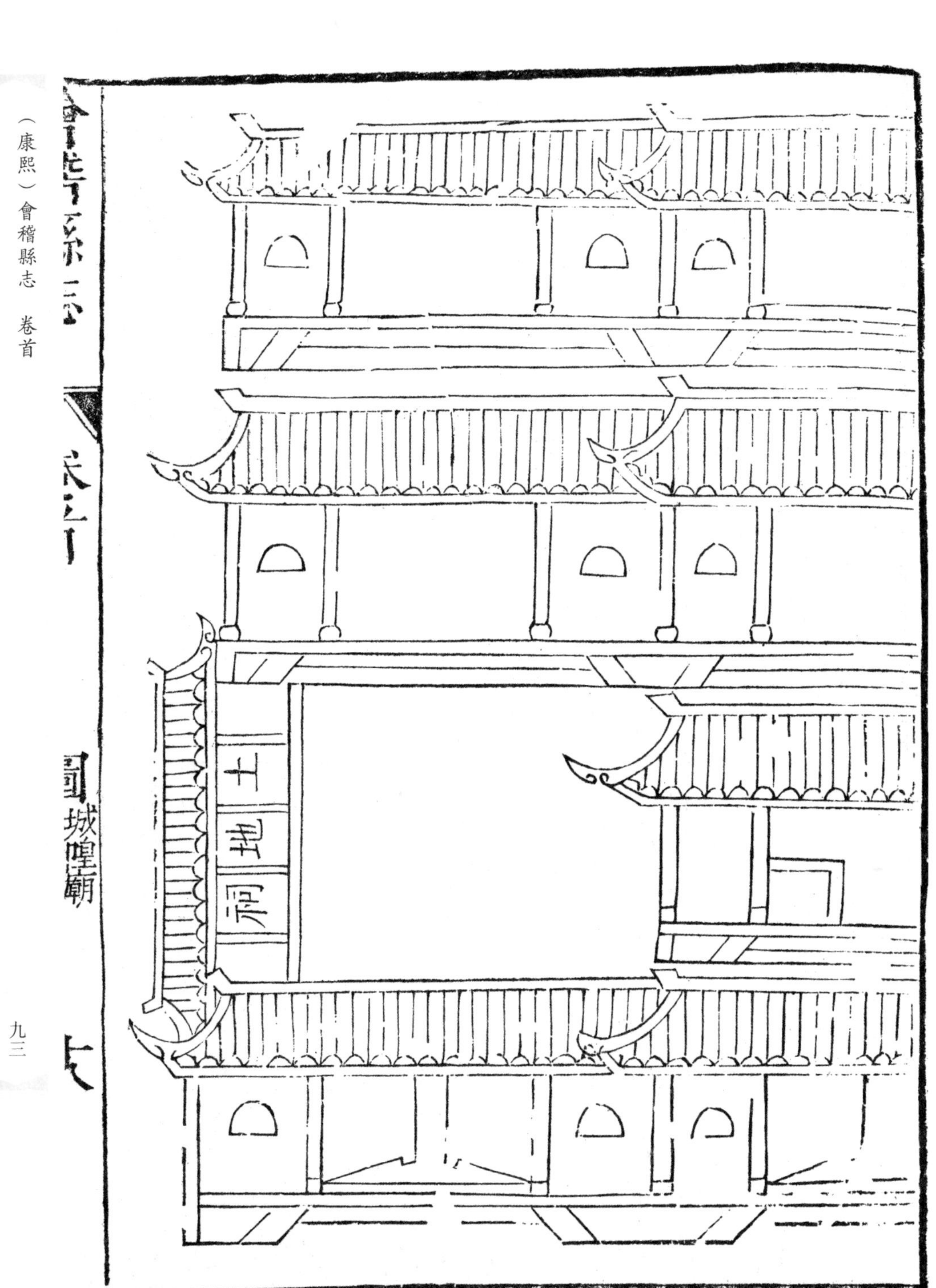
會稽縣志
圖城隍廟
土地祠

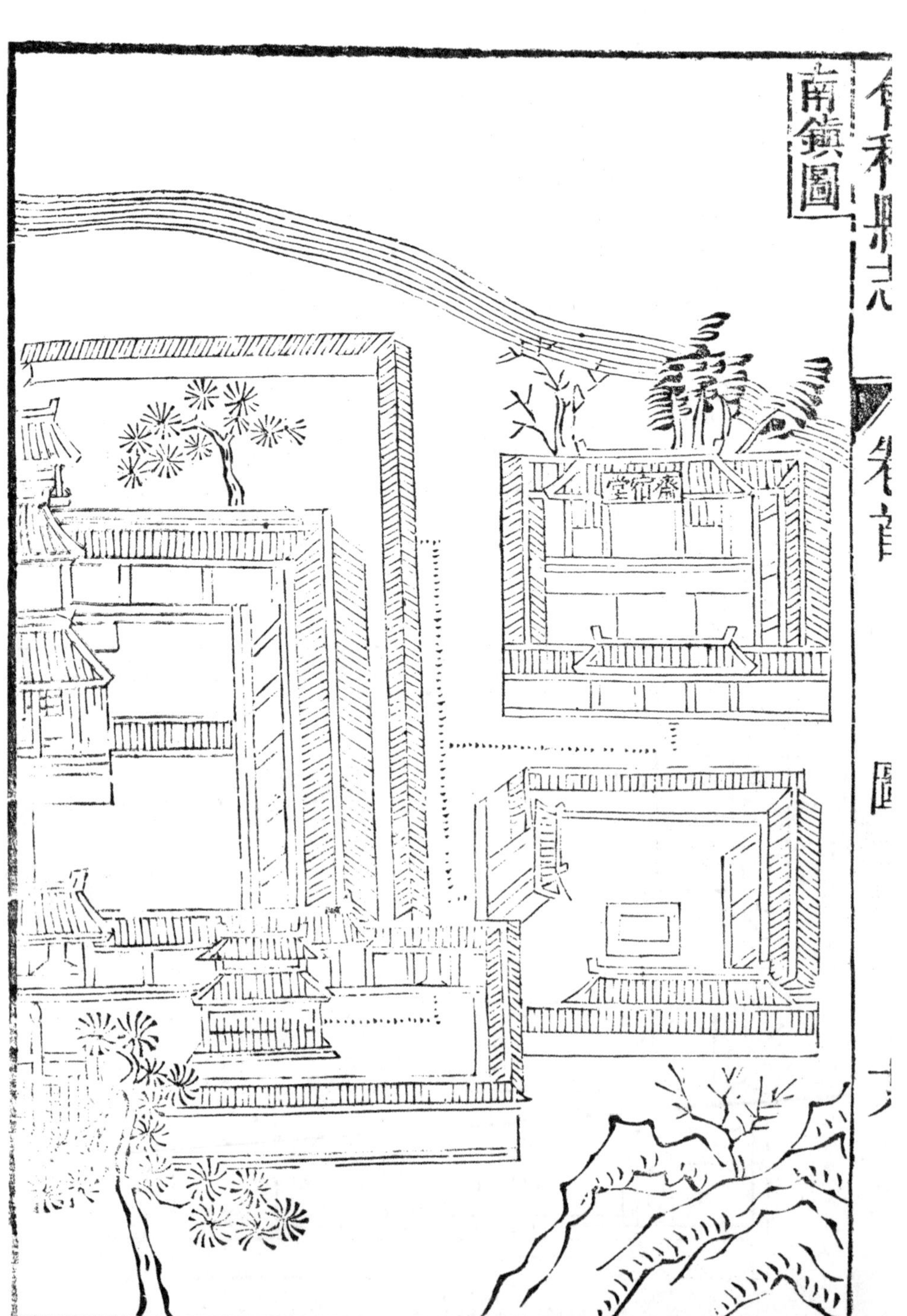
南鎮圖
齋宿堂

圖南鎮

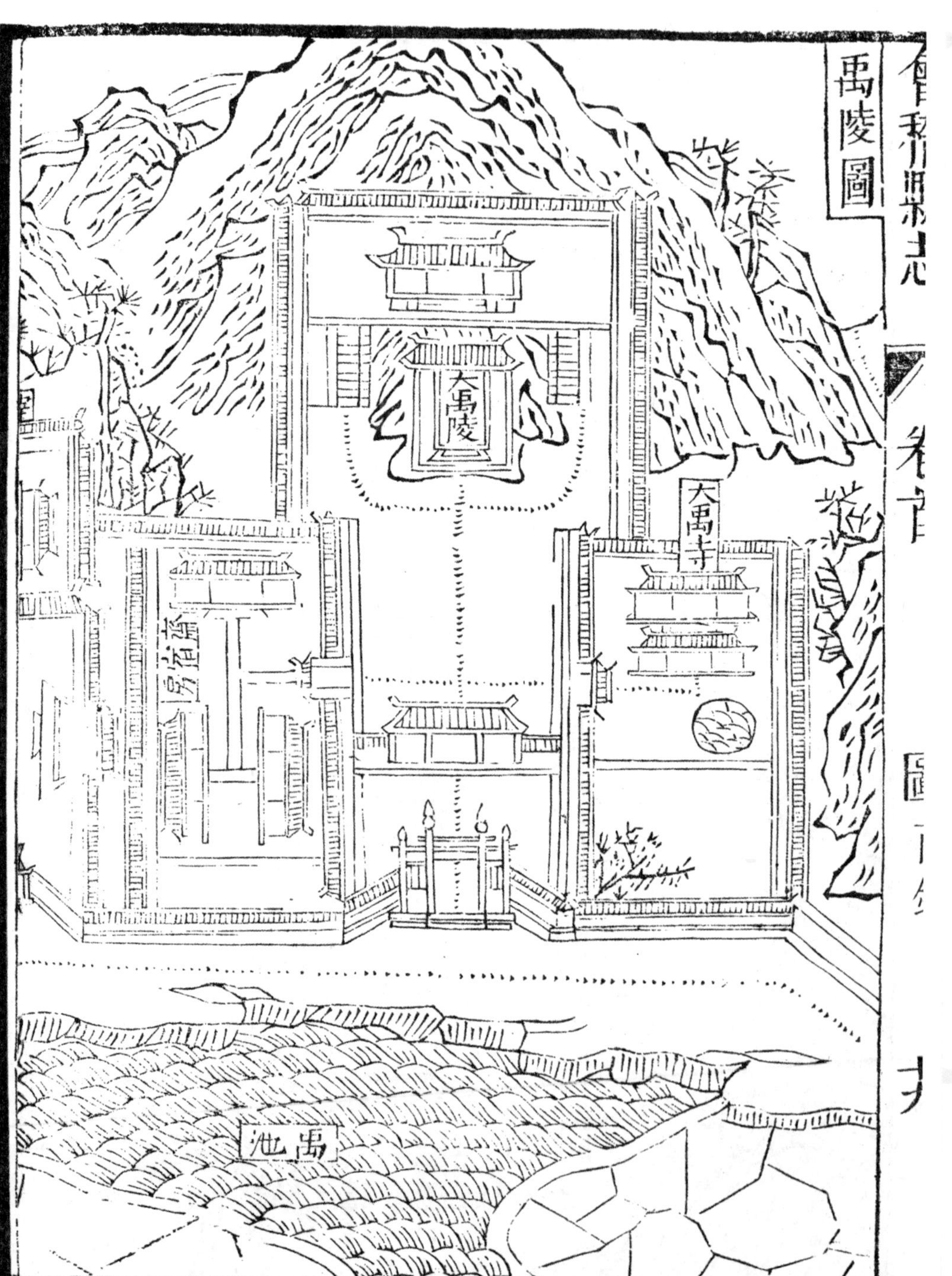
禹陵圖
大禹陵
大禹寺
禹池

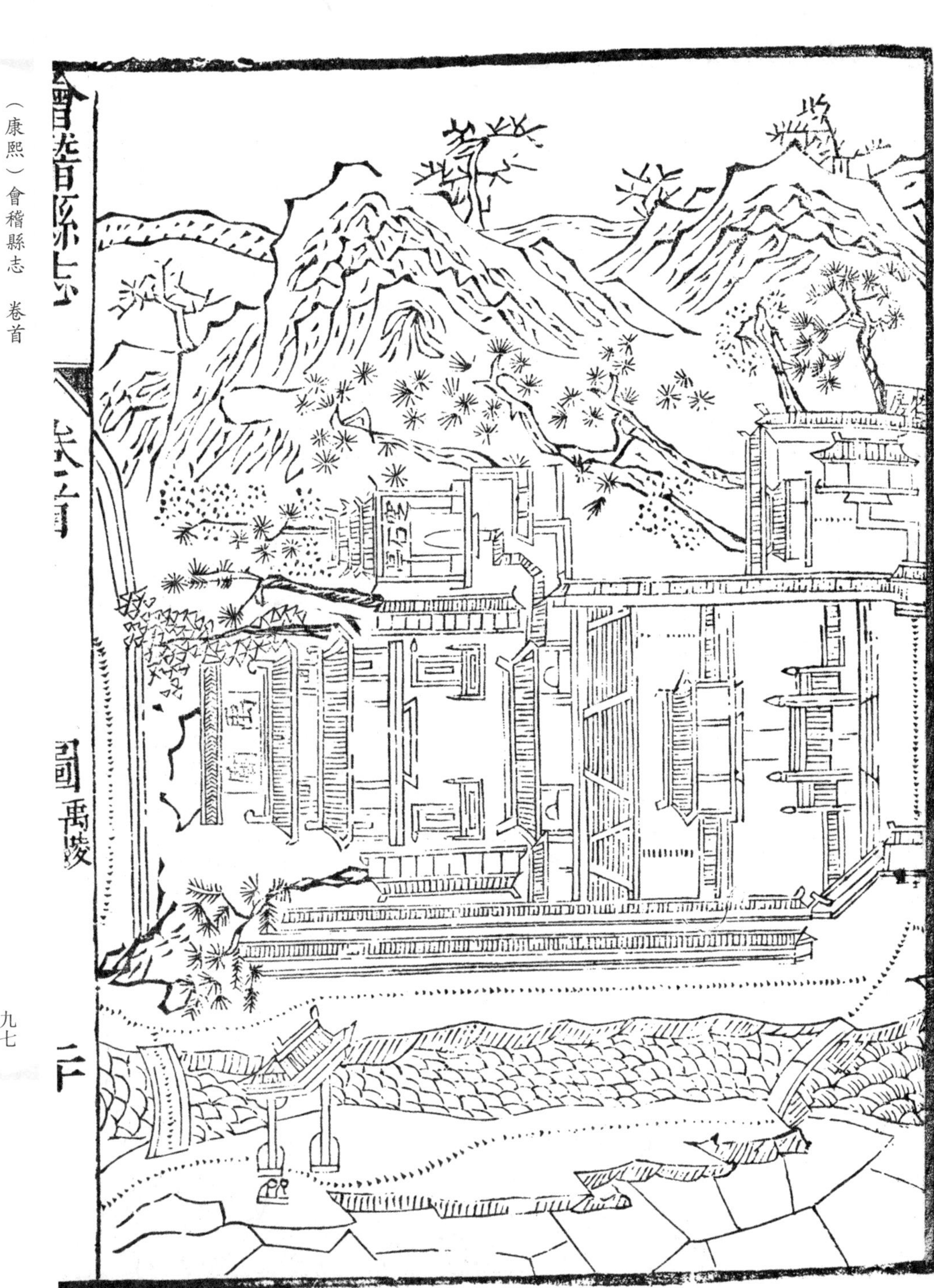
會稽縣志
卷之首
圖
禹陵

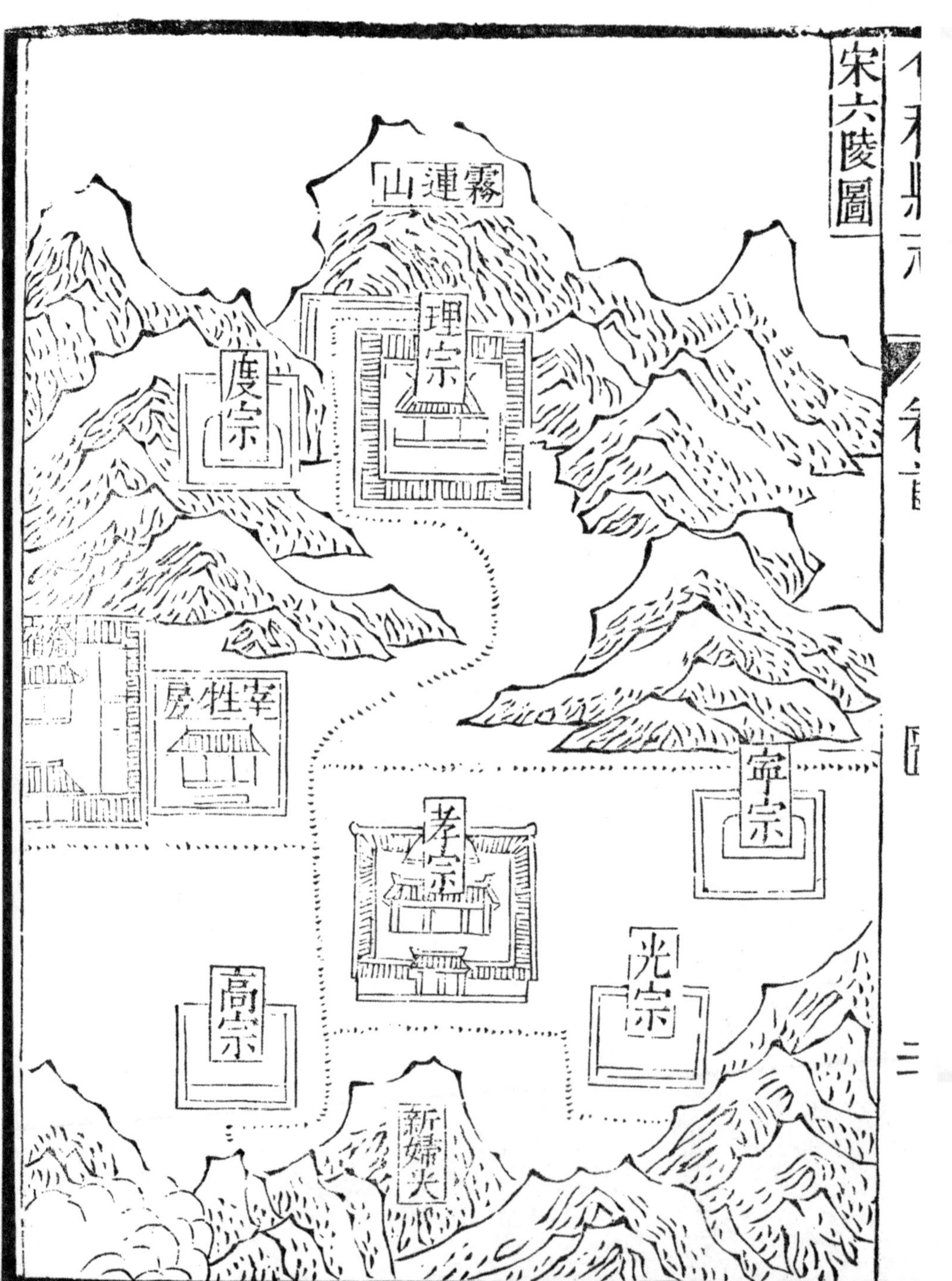
宋六陵圖
霧連山
理宗
度宗
宰牲房
寧宗
孝宗
光宗
高宗
新婦尖

會稽縣志
卷首
圖 宋陵
通泰橋
太寧寺
太寧橋
井亭
郭太尉廟

孝女廟圖

孝女廟

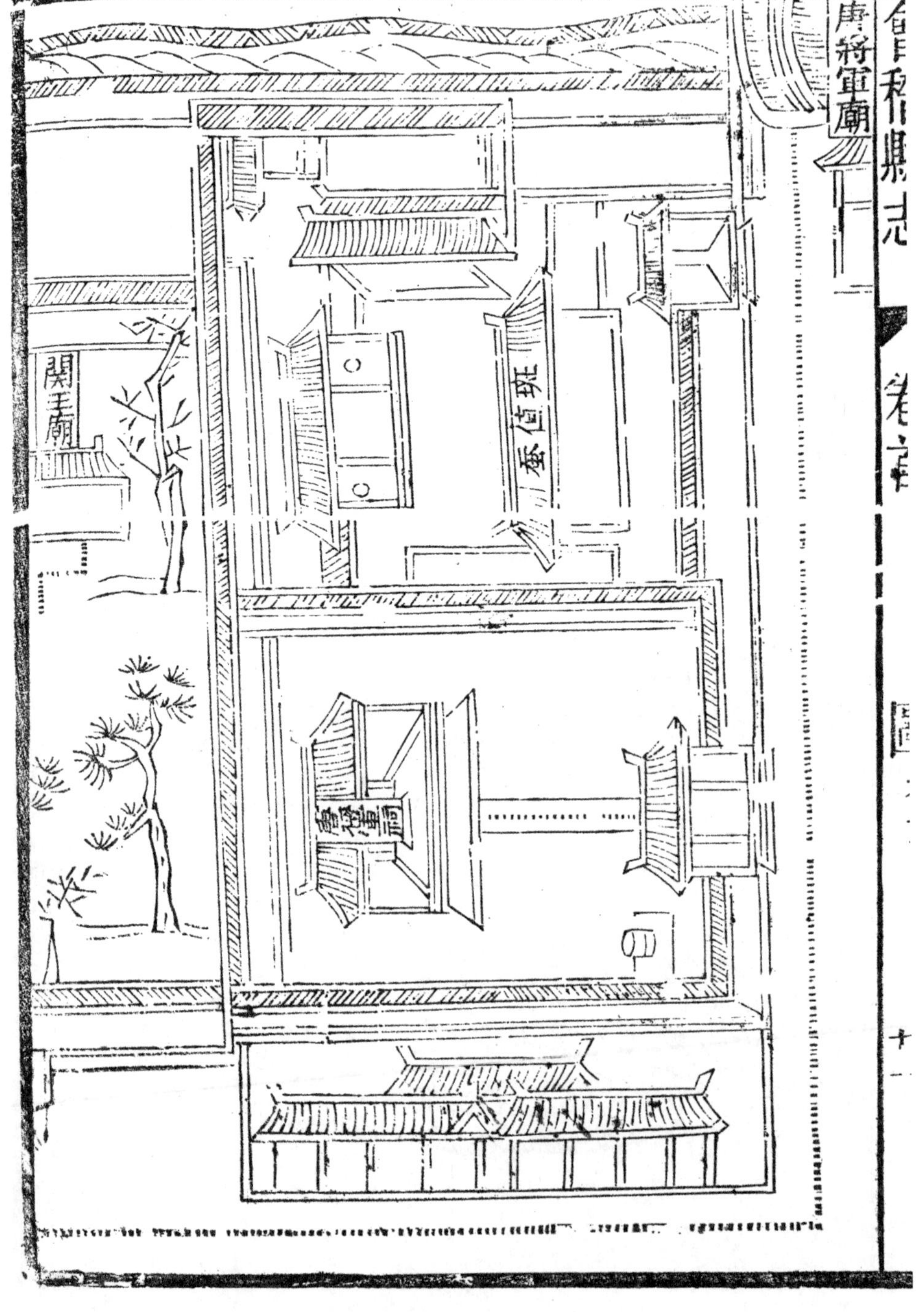

唐將軍廟
關王廟

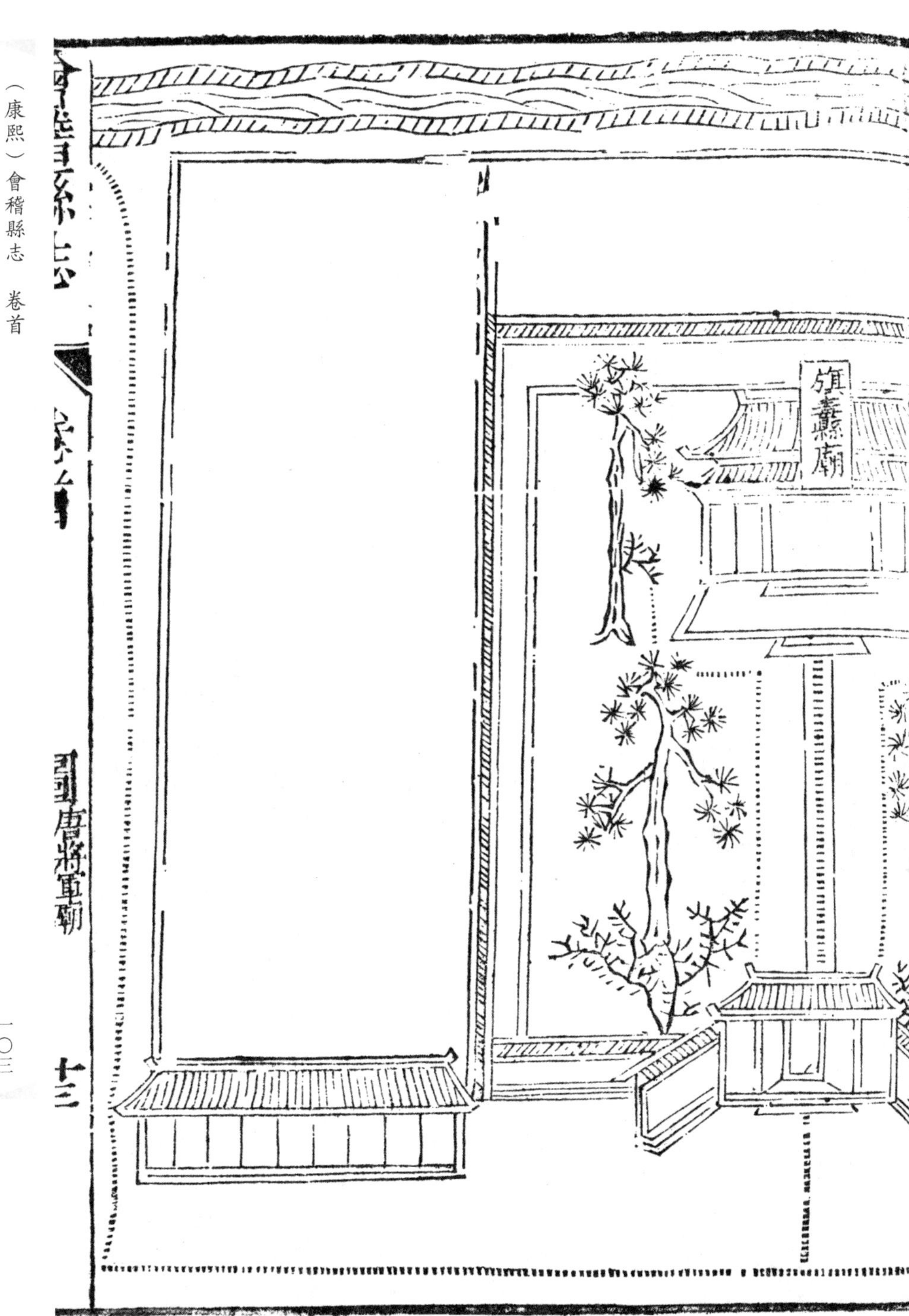
會稽縣志
卷首
圖　唐將軍廟
十三
旗纛廟

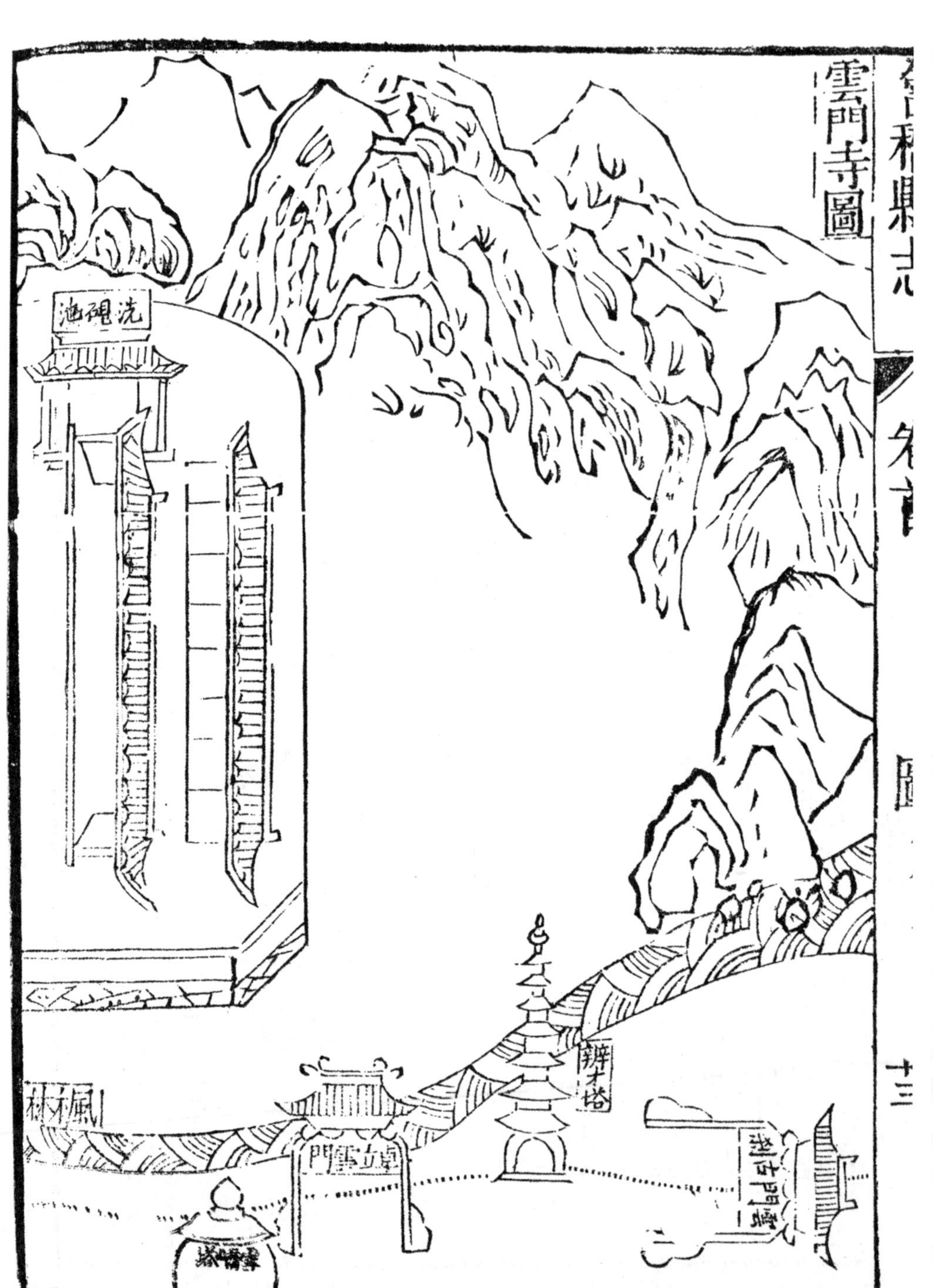
雲門寺圖
會稽縣志
卷首
圖
十三
洗硯池
辯才塔
楓林
卓立雲門
雲門古刹
雪嶠塔

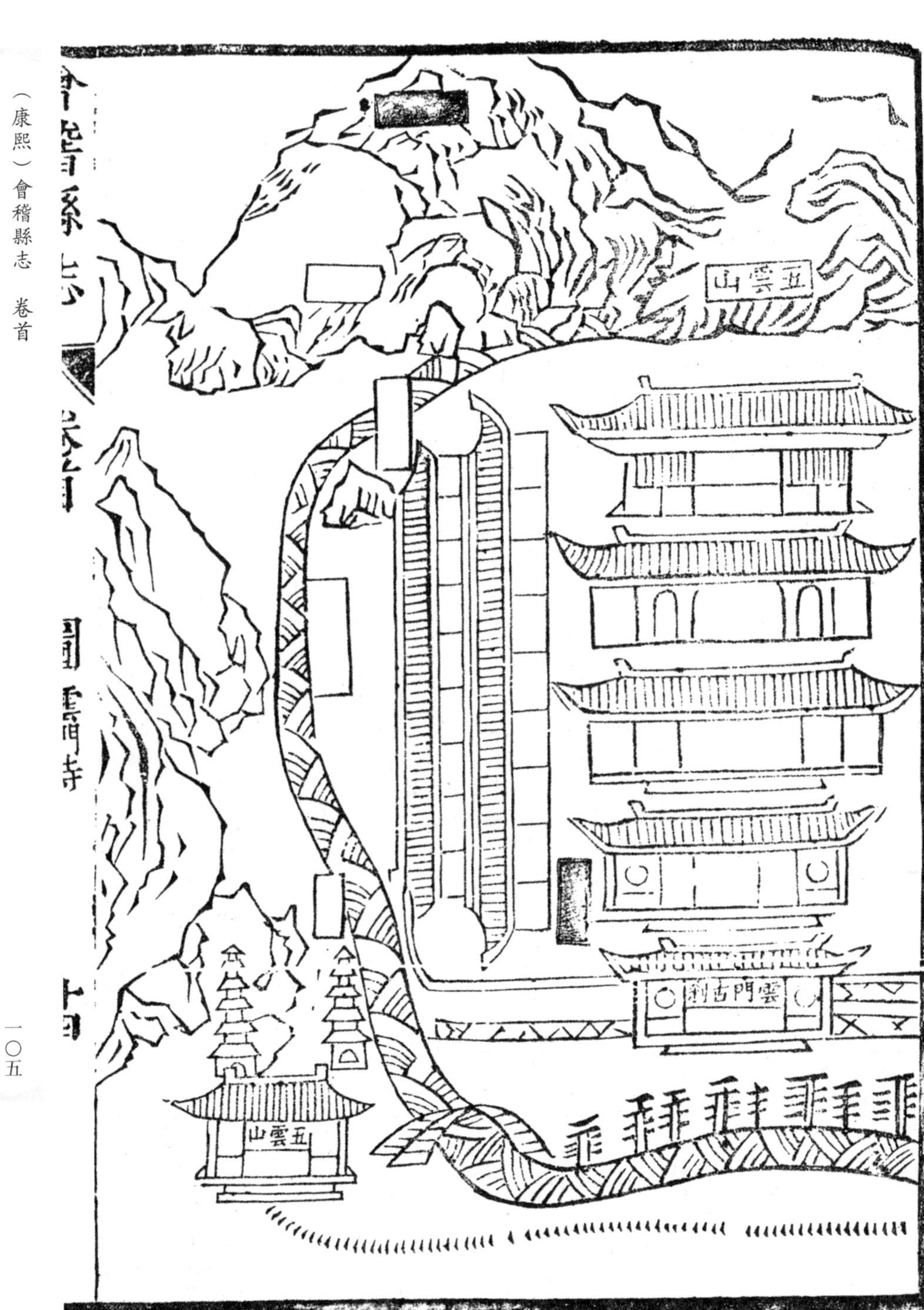
會稽縣志
卷首
圖
雲門寺
五雲山
雲門古刹
五雲山

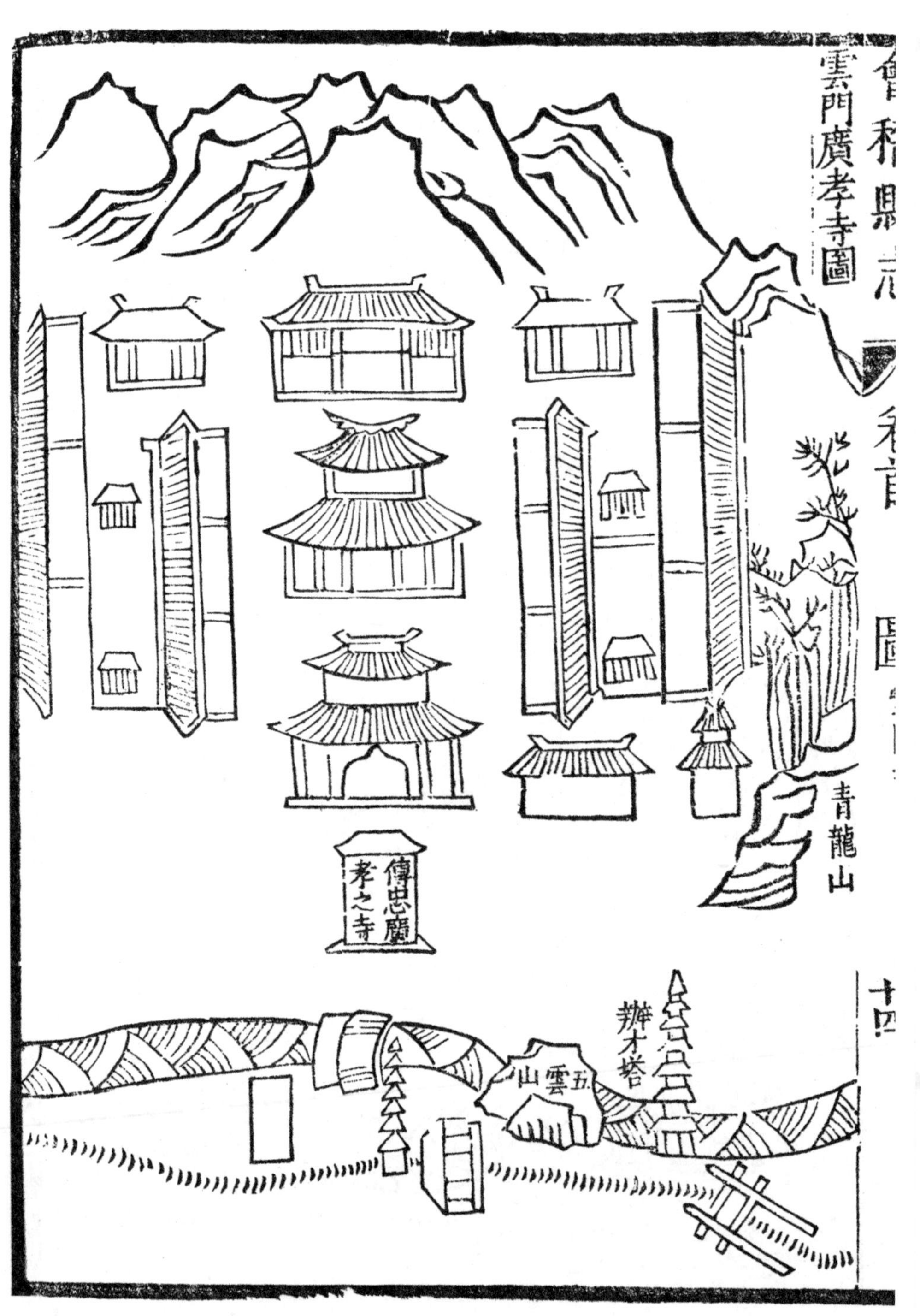
會稽縣志
雲門廣孝寺圖
傳忠廣孝之寺
青龍山
辨才塔
五雲山
十四

秦望山
藏塔
筆倉
顯聖寺
廣福寺址
看竹樓
好泉亭
釣台

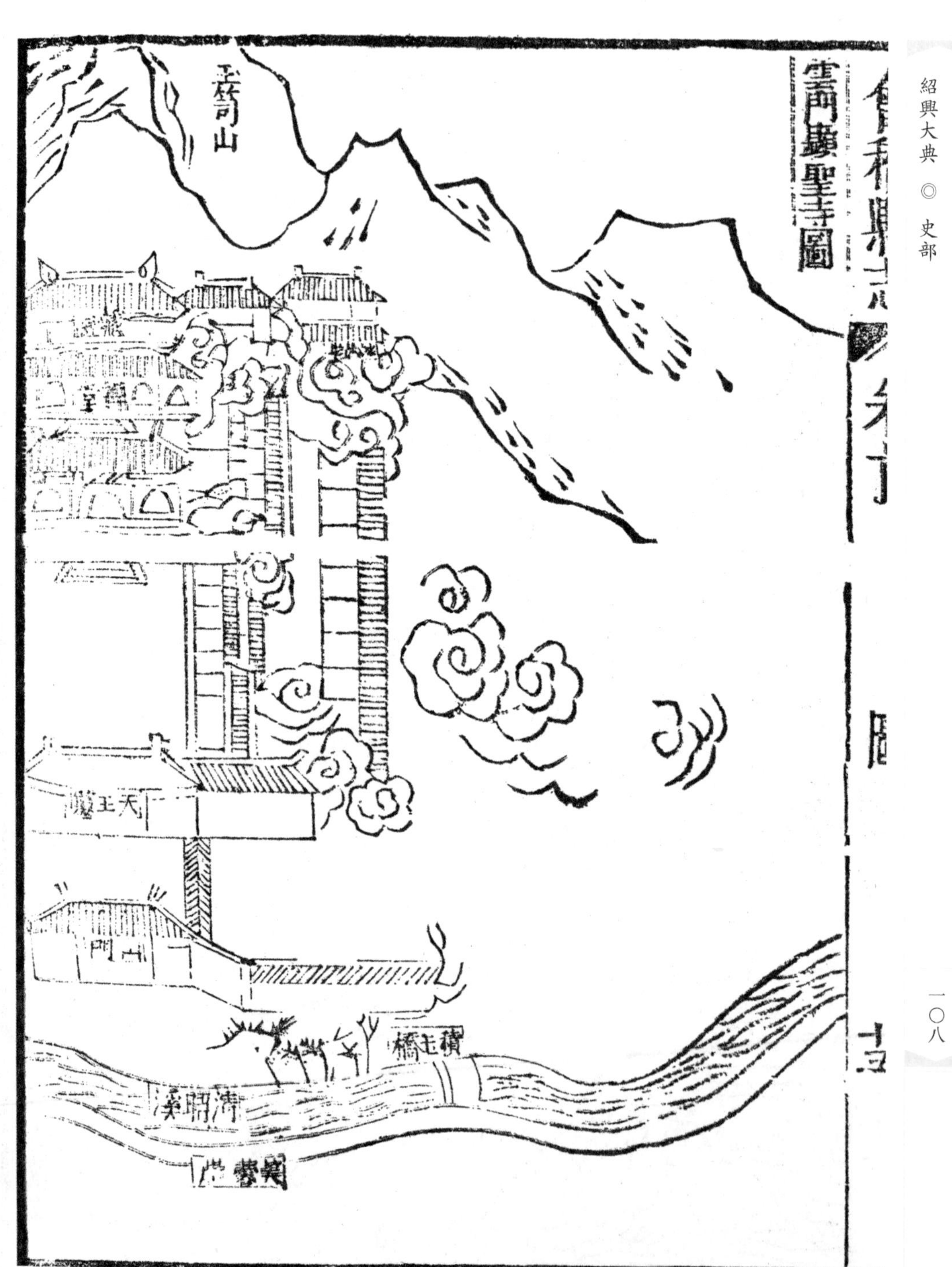

雲門顯聖寺圖

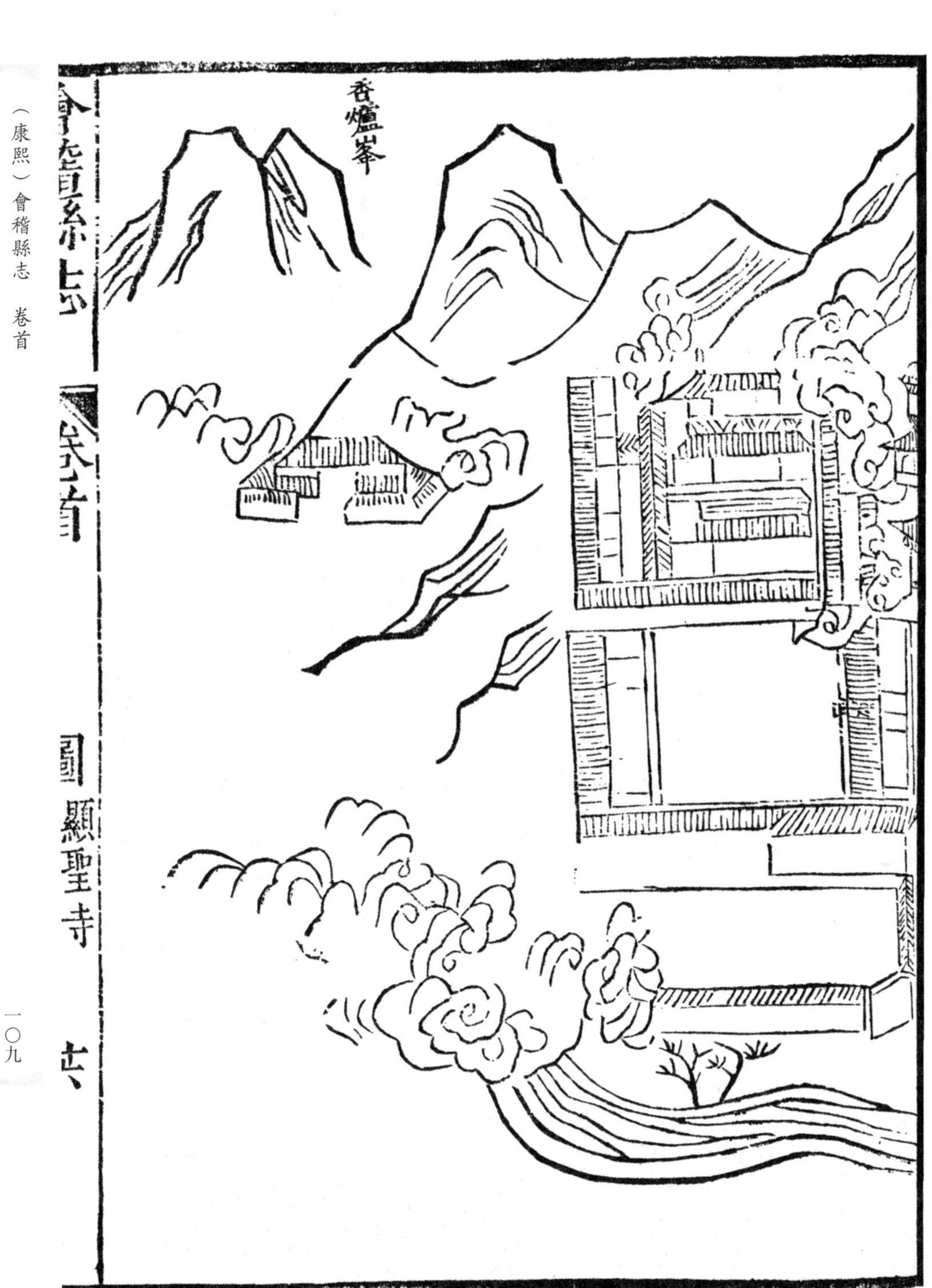
會稽縣志
卷首
圖　顯聖寺
香爐峯

平陽寺圖
龍池菴
水口庵
西化鹿
東化鹿
寶掌寺

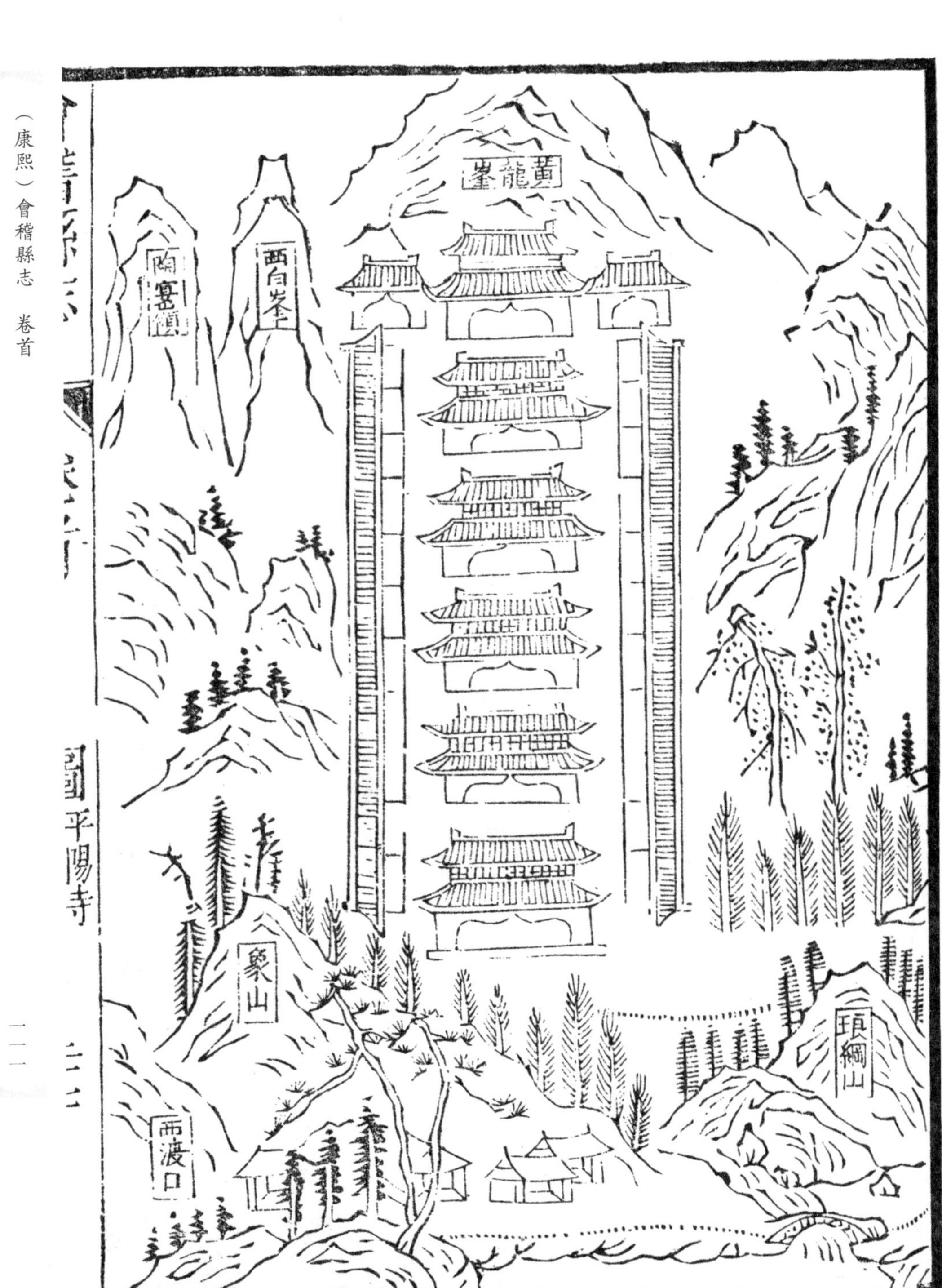

平陽寺圖
黃龍峯
西白峯
陶宴嶺
象山
項綱山
西渡口

會稽縣志　卷首　圖

會稽縣志卷第一

疆域志

沿革　分野　區界　衢路　坊里　市鎮

郵舍　津梁

沿革

考諸史會稽之爲邑自隋開皇九年始則是開皇以前至於秦史册中凡稱會稽者並郡也而今之志邑者往往取郡事以入邑豈非以會稽之名通乎郡邑而不深考其在何時則專以名郡在何時

則兼以名邑之過歟開皇以前有會稽郡無會稽邑而會稽一邑其時尚分爲山陰上虞永興始寧四邑開皇以後有會稽郡亦有會稽邑而山陰上虞永興始寧四邑始并爲會稽一邑由此推之開皇以前凡史册中所紀人物有不指其邑漫稱曰會稽者蓋一郡全屬之人悉得而冒之豈直四邑中人哉而今顧欲以未經稱邑之會稽以當之亦悖矣如此又烏取於沿革哉故今之志會稽邑也凡有關於邑者悉自肇邑時始隋開皇九年則其

時地　徐渭

會稽地屬揚州古荒服國禹東巡會諸侯於國之苗山以計功始更名其山曰會稽禹崩遂葬會稽山至少康以其地封庶子無餘奉禹祀國號於越按吳越春秋禹周行天下還歸大越登茅山卽苗山以朝四方羣臣則會稽在禹之時似已稱大越矣而賀循會稽記又曰少康封其少子號曰於越越國之稱始此則吳越春秋所謂大越者殆追稱者耶自夏歷商周傳三十世至無疆亡入於楚楚滅入秦秦郡縣天下悉以故越地吳曲阿烏傷毘陵餘暨陽羡諸暨無錫山陰丹徒餘姚婁上虞海鹽剡由拳太末烏程句章餘杭鄞錢塘鄮富春凡二十四縣置會稽郡治

吳吳今之江南蘇州府吳縣漢以其地封荆王賈又封吳王濞濞滅復爲會稽郡並治吳後漢順帝永建四年始用陽羨人周嘉議分浙以東山陰餘姚上虞剡諸暨餘暨句章鄮鄞太末烏傷章安東侯官凡十三縣爲會稽郡移治山陰自漢永建迄陳會稽或爲國或爲郡雖更號不常要皆統浙以東地而爲言非縣也隋開皇九年平陳廢郡併山陰上虞始寧永興地置會稽縣隸吳州故考會稽縣自此始是年改會稽郡爲吳州大業元年析會稽復立始寧是年改吳州爲越州尋復爲會稽郡按知府南大吉郡志新莽時改上虞曰會稽一統志陳以

山陰析置會稽則會稽固不始于隋特以二季祚短改革無大可書故徑自隋始唐隸越州武德四年改會稽郡爲越州武德七年析會稽復立山陰貞元元年析會稽復立上虞元和十年併山陰入會稽已而復置會稽宋隸越州紹興元年隸紹興府是年改越州爲紹興府元隸紹興路至元十六年改府爲路明隸紹興府洪武二年改路爲府編戶一百三十一里成化八年縣丞馬馴徵稅至二十五六等兩都兩都民援嵊抗丞知府洪楷乃奏割兩都地凡七里屬嵊民若畝隨之嘉靖二十八年知縣張鑑均縣賦至兩都所得

其隱田五千畝以歸我至隆慶三年嵊亦度田復混五千畝中之百五畝有奇以去知縣楊節力返之

分野

按唐天文志載僧一行之論凡分野不以星之南北分地之南北也視雲漢貫注得其精氣之所至耳南斗在雲漢下流故當淮海間爲吳分野牽牛去南河寖遠南河星名凡三星在井宿東南故自豫章至會稽南逾嶺徼爲越分野明誠意伯劉基清類分野書以

僧一行所論十二篇繫于其首而編次紹興府爲牛女分野則占牽牛亦占婺女皆驗也會稽與山陰並附郭占牛女確矣凡分野有大綱以十二辰分之元授時曆郭守敬所定自南斗四度起歷牽牛之度至婺女二度止爲揚州配吳越劉基稱其最精又分野有節目以二十八宿分之今紹興郎古越地自唐宋元明以來俱占牛女其應如響間有私心穿鑿割其度爲會稽其度爲上虞者與雲漢貫注之説大爲悖戾象緯家知之儒者多不知

或問紹興府既占牛又何以占女曰郡境之陽宜占牛其陰負海皆占女句章王德邁嗣阜特論

會稽在禹貢爲揚州之域位當少陽於卦爲巽史記天官書曰其日屬丁在辰爲丑次曰星紀於五行屬火春秋傳曰在列國謂之分星在九州謂之星土春秋元命苞曰牽牛流爲揚州分爲越國史記正義曰南斗牽牛吳越之分野漢地理志曰越地牽牛婺女之分野漢郡志曰自南斗十一度至須女七度爲星紀之次吳越分野須女即婺女張衡曰

會稽於二十八宿入牽牛一度列星度數曰斗魁第二星主會稽又曰五車星中東南一星爲司空主楚越也春秋文耀鉤曰會稽於北斗七星屬權星范蠡陳卓諸人分星次皆曰會稽入牛一度東漢天文志曰會稽主以丁巳日占玉衡之邑地理志曰自斗十一度至婺女七度曰星紀吳越分野費直分斗十度至女五度爲星紀蔡邕分斗六度至女二度爲星紀三國志曰會稽上應牽牛之宿下當少陽之位晉天文志曰自南斗十一度至須

女七度爲星紀吳越之分野隋書唐史所載同通志略曰會稽入牛一度宋天文志曰會稽上應天市垣東南第六星以上所言會稽皆指會稽郡元史郭守敬所定分野以斗四度三十六分六十六秒外入星紀爲吳越之分非專指紹興府況可專指會稽一邑乎

區界

縣附府城東九十二里至曹娥江之中流上虞接界

東之南一百四十里至三界

南一百一十里至南嶀口溪之中流並嵊縣界舊南一百五十里至杉木嶺

南之西八十里至駐日嶺諸暨縣界

西一里運河中流

西之北三里並山陰界

北二十里抵海逾北岸嘉興府海塩縣界

北之東七十五里至瀝海纂風鎮上虞縣界

東北凡九十二里南北凡百三十里周之凡四百

四十里

達府百有三步達省百三十八里達江南　千二百三十里達北京三千七百九十里

衢路

越為會府衢路久不修治遇雨泥淖幾於沒膝嘉定十七年太守汪綱至乃計工伐石在在繕砌浚治湮塞整治嶔崎除閼陌之穢汚復河渠之便利道塗堤岸以至橋梁靡不加葺經畫有條役且無擾井里嘉嘆實為惠利悠久云　寶慶續志

東爲縣東門轉而南至坊口大街南爲貫珠樓會稽學東爲新街口長春觀過東雙橋東至五雲門由貫珠樓南下爲椋斜溪金斗橋由新街口折而北爲小寶祐橋頭陀菴大寶祐橋東南爲長箬街又南爲杏花寺街爲南街南爲府學又東南爲羅坟坂官齊橋南至稽山門由南街過覆盆橋爲禹跡寺東至東郭門縣後爲新橋東爲長橋廣寧橋龍王堂東至都泗門東北爲白馬山彭山東大池

南出南堰門由水路南至于秦望諸山之中東南出稽山門由若耶溪東南至于禹陵又東南至于上竈又至于平水達于新嵊諸山之中東出都泗門由運河南過五雲門又東至于遶門山又東至于東關之曹娥江又由東關南至于蒿壩東北出昌安門由水路北至于玉山陡亹達于三江

坊里

城内爲兩隅領坊十有六

隅之在東南者領坊八曰上望花坊　中望花坊

下望花坊　東陶家坊　西陶家坊　朝東坊

稽山坊　東仰盆坊　右八坊宋爲第一廂領坊曰外竹園裏竹園晋昌元眞外鍾離裏鍾離静林甘露外梧柏裏梧柏杏花親仁日蓮季章義井新路小新都亭法濟孝義禮裡共二十一元改第一廂爲東南隅領坊仍不名增置禮賢稽山望花陶家延慶仰盆九節柔遁凡二十九

隅之在東北者領坊八曰安寧坊一名千秋坊以秘監賀知章捨宅爲千秋觀卽其坊中也相沿丐戸之産于壙西者悉居之古爲賢士宅今爲丐戸里可不悲哉

府東坊　永昌坊　東府東坊　都泗坊　石童

坊　東大德政坊　西大德政坊　右八坊宋爲第二廂領坊曰棚

樓花坊曰池月池照水八德政寶幢廣陵石灰杜木樂義永福押隊諸善上黨義井祥符詹狀元莫狀元凡十有九元改第二廂爲東南隅領坊仍宋名增置龍華千秋都泗斜橋解慍天長春臺文通五雲石童朝東保祐永昌東府通泰安寧凡三十五

城外爲都三十一各都領啚不一實啚一百四

第一都領啚二第二都領啚五第二十都領啚二以上宋爲鳳林鄉領里三曰西施鏡水石童

第三都領啚一第四都領啚六第五都領啚四第十九都領啚七以上宋爲雷門鄉領里四曰上皋高平石瀆長樂

第六都領啚六第七都領啚五以上宋爲上亭鄉領里三曰上許靜

志亭

墅

第八都領啚三第十都領啚二第十七都領啚二以上宋爲廣孝鄉領里二曰蘇墟崇德

第九都領啚五第十八都領啚七以上宋爲袁孝鄉領里一曰通德以袁孝子故名

第十一都領啚三第十二都領啚六以上宋爲曹娥鄉領里二曰福嚴箬林

第十三都領啚四宋爲富盛鄉領里一曰積下

第十四都領啚四第十五都領啚二第十六都領

啚三以上宋爲千秋鄉領里三曰稽山城南

第二十一都領啚四第二十二都領啚五第二十三都領啚二以上宋爲太平鄉領里四曰章汀全節太山嵩山

第二十四都領啚三第二十八都領啚二第二十九都領啚二以上宋爲東土鄉領里三曰美箭謝公迴潭

第二十七都領啚二第三十都第三十一都第三十二都俱領啚一以上宋爲五雲鄉領里二曰石帆西施

第三十三都領啚二宋爲延慶鄉又名延德領里一曰西岑

第二十五都領啚三第二十六都領啚四屬嵊

市鎮

平水市在縣東二十里唐時嘗有市今廢元稹序白氏長慶集云予嘗于平水市中見村校諸童競習歌詩名問之對曰先生教我樂天微之詩固亦不知予之爲微之也其自註云平水鏡湖旁草市名

三界市在縣東南一百二十里即漢始寧縣址

馬山市在縣北二十里

臯部市在縣東二十里

樊江堰市在縣東三十里

道墟市在縣東六十里

傖塘市在縣東南七十里

東關市在縣東六十里

白米堰市在縣東七十里

湯浦市在縣東南一百一十里

曹娥市在縣東八十里

纂風市按郡志曰東城鎮今廢

三界鎮在縣東一百二十里

蒿陡關平水關二關明洪熙元年御史尹崇高奏革後工部分司仍遣人抽分嘉靖二十七年知縣張鑑復申革之其山稅欽銀則帶辦於縣後山民相讐遇採伐者仍以匿稅越訟

于稅之權關重爲民病嘉靖四十五年來權者知而禁之附錄其示欽差工部員外郎費爲禁約事照得朝廷設關抽稅雖爲裕國之資實寓抑末之意浙之南關抽放各商竹木凡奉命視事者尚不可刻以取盈况居民人等採取本山竹木脩葺房舍又非販賣可比豈宜一例起稅本職到任以來痛懲前弊已經出示曉諭凡係本山竹木盡行寬免或被讐家所挾因而詐財妄行首告者不惟不准且重治首告之人但恐歲久弊生爲此勒石永遠禁革

曹娥壩在縣東八十里

蒿壩在縣東九十里

傅山渡在縣東北五十里

小江渡在縣東南一百里渡口有茶亭守渡船

瀝湖渡按舊志有上竈富盛田家傖塘延德江本郡新渡舊渡曹娥豐山杜浦等渡

平水埠在縣東二十里

上竈埠在縣東二十里

攢宮埠在縣東南三十里

富盛埠在縣東南四十里

傖塘埠在縣東南七十里

郵舍俗呼爲急遞舖每舖計程十里廳屋叁間日晷一座各有舖司舖兵並出五雲門

五雲舖　織女舖　皐部舖　茅洋舖　陶堰舖

瓜山舖　黄家堰舖　東關舖　白米堰舖　曹

娥舖　小江舖　桑盆舖　周家堰舖

津梁

縣東橋　滑橋　寶祐橋下有小寶祐橋　長安橋　廣寧橋宋紹興中有鄉先生韓有功爲士子領袖暑夜多與其徒納凉橋上有功没朱亢宗作詩懷之云河梁風月故時秋不見先生曳杖游萬壑遠青愁對起一川漲綠淚争流朱亦修潔士云康熙三年張桂生重修　黃鐵頭橋　龍華橋都泗門內龍華寺之左　八字橋兩橋相對而斜狀如八字　東雙橋　九節橋長春觀前　孝義橋　通泰橋俗名新橋　都亭橋越絕書云秦皇東游之會稽以甲戌到大越舍都亭都亭之名始此旁有廢井傳云薊于訓賣藥之所　以上諸橋並在縣治東

狀元橋宋詹騤所居里
鮑家橋狀元坊里
睡仙橋
坊口橋
竹園橋
魚化橋
紡車橋
鏡水橋宋趙處士所居里
興福橋俗名觀音橋
馬梧橋鍾離巷口
馬坊橋
金斗橋
目蓮橋
羅漢橋亦名春波橋
柳橋王毓蓍殉節處
大夫橋唐張志和所居里
羅紋橋
覆盆橋
蓮河橋天慶觀後
望花橋宋時其地多藝花爲業
廟橋武肅王廟側

以上諸橋並在縣治南

縣西橋舊名府西橋
清道橋
石灰橋
大善橋
永福橋
拾子橋龜山下
大慶橋
木瓜橋
龍興橋
市門橋
咸歡橋
鍾離橋
吳伯橋
尋勝

橋　暗橋　通市橋以上諸橋並在縣治西

春波橋千秋觀前賀知章詩離別家鄉歲月多近來人事半消磨唯有門前鑑湖水春風不改舊時波橋之得名以此　小江橋　中正橋旁有小橋曰斜橋橋下多客邸四方舟楫往來所集　探花橋旁有小橋曰田家橋橋下曰田家漊　香橋陸放翁種梅于此故名其旁尚存梅園衕俗傳朱買臣遣鄉又名鄉橋者非也至元時勞義士新之隆慶間錢守愚重修康熙八年陳伯嘉重修　題扇橋因右軍遇老嫗題扇故名　畫馬橋　昌安

橋以上諸橋並在縣治北

弔橋在五雲門外

靈汜橋在縣東二里石橋二吳越春秋句踐論功于此李公垂詩靈汜

橋邊多感傷水分湖派達回塘（元微之

詩靈氾橋涵百里鏡石帆山掩五雲溪

居仙橋 瑞寧橋並在第一都

永安橋 五湖橋 通陵橋並在第二都

馬山橋在第四都

皐部橋在第五都

樊江橋 枯橋並在第六都

世鄉橋在第十二都

壽寧橋

白塔橋

越嶺橋

東城橋今名東關

鳳凰橋

富盛橋 方泉橋

九陵通泰橋在攢宫

太平橋在太平鄉萬曆四十八年董弘度捐造

鎖泗橋

鐵絆橋在第二十一都

雲門橋在若耶溪南旁有仙翁釣石宋之問詩鷹搭鶱金地虹橋轉翠屏

石橋在雲門寺前蘇子美送張行子詩五雲山下石橋邊六月溪風灑面寒今正炎天君獨往松間尋我舊題看

大乘橋其南爲平水市

雙井橋

石旗中興橋

閘橋

望仙橋在縣東南十里

洞亭橋在陽明洞前架小亭其上自橋東數十步有鬬牛觀山二橋入龍瑞宮

告成橋在禹廟西以禹治水告成故名

三橋在稽山門外鏡湖分東西以此橋爲限今廢

拗馬橋在縣東南六里

千秋橋　大凌橋　小凌橋並在縣東南七里

渡東橋在東郭門外陶望齡記越郡隍水而城直東郭門而水者則曰划船港厥浸尤廣其受水之塗南鎮平水上竈諸山之溪流皆委焉三道注射淵涎澎湃湍悍難渡其渡者衢婺諸人及吾邑山都之人皆湊焉渡廣而流悍重以霖潦風雨舟每每覆溺或以死其南岸故有英濟侯廟涉者畏而病焉必禱以其嶮阻陒危轂縮津要工鉅費繁梁之爲亟而力最艱故謀舉輒輟豫章羅公來令茲邑頗鹽壁與卮指事集神行物靡臨流側嗟從者什赴以萬曆二十三年二月僝工于河渼再歲工畢跨水數百丈釃水十有八道樹石爲兩楔表諸途北滋望水神廟爲觀音

菴菴之背後跨小橋五水道而屬諸城焉凡市石傭力之貲爲白金八百五十一兩捐月俸三十兩餘出諸施者左右厥謀維鄉大夫大理寺少卿商公某董厥事優婆塞王明浮圖能信耆民鈕茂任瀚菴地施主生員傳艮材食守者田四畝餘施諸浮圖景鏕旣成命曰渡東出其塗者謳訟歌舞相屬太史氏望齡聞而采之爲銘銘曰越國於澤厥阻在山言言崇墉峙其兩閒澤流浩瀰山流蕩撼傾高助深是日坎坎滋者維何車舟馬楫如提于金載一棗葉陽侯甘人灑血滲牙盲風怒波淚齎紛拏旋人重淵不可蹈些行惻道謀仁人是嗟仁人伊何曰我羅父頭冰足春歷有年所靡枯不濡靡墜不舉如雨膏萌如飈颺羽乃飭泮宮乃營京坻秩祀是嚴弟塗是治匹夫煩冤曰已溺之圖厥萬安易此一危表立斟移鞭驅石走雌蜺半舒青龍欲吼扶楯天行盤根地厚席過輿徒宵趨稱耆在昔州使旌賢造廬梁水于門橋名與俱那人稱焉東郭大夫厥壤維均惠濟則殊宜系公官比郎

官湖宜姥于公如鄭白渠又如迷人普渡所叶謡爲津梁西來稱徙我公之功與理同符嘉名渡東豈其然乎○傍有先賢祠祀先賢戶部尚書倪公元璐都御史施公邦曜中允周公鳳翔御史祁公彪佳左都御史劉公宗周學士余公煌太湖僉贈光祿丞金公應元長安令贈僉事吳公從義左長史贈副使章公尚絅川南道陳公孔教九江道王公思任進士徐公復儀孝廉高公岱陳公潛夫巢公汝楫文學王公毓蓍高朗傳日烱處士潘集賜十年倪舜平楊雪門朱瑋

孫端大橋在吳融孫端之中　張賢臣捐百金造

泿煖橋在雙溪港張神廟之左　平水上竈二溪之水合流于此向有木橋水稍漲即衝敗往來者甚苦之張賢臣捐資斜衆易以石名曰泿煖里人勒石于張神廟中以記其事明崇禎十七年山陰謝顴重脩

萬安橋在六都樊江廣渡菴之南僧具緣募資造橋長二十四洞

會稽縣志卷第二

城池志

縣城　所城　廢城　設官　縣署　屬署

寓署　廢署

縣城

縣城附府城之東者屬縣府城即古山陰大城也范蠡所築周二十里七十二度缺其北清開皇中越國公楊素增脩周四十五里名曰羅城脩小城爲子城周十里唐末分運河以東之城屬會稽元至正十二年篤满帖睦邇增築坊自五郭一鄉入城内始甃石置月城以開塹河

雲北界石起至植利門止長一千二百六十七丈

一尺四寸高東一丈四尺南一丈六尺北一丈四尺厚東一丈八尺南一丈五尺北一丈八尺址厚東二丈一尺南一丈九尺北二丈二尺城門四東曰五雲即古雷門詳見古蹟雷鼓下志者大約謂句踐以吳于陵門上有蛇象而作龍形龍畏雷故作此門以勝之果爾則下文稽山門犯勝之說似亦不可忽與水門曰都泗元名元陽東南曰稽山元名鎮遠由此門達禹陵按郡城自水門外其他諸門並有月城一座以護而稽山門獨倍之左右翼遶樓其門先是倭人入寇地頗逼知府劉錫恐寇階以登用郡人言隍缺入鋪稽深得石匣一啓之有骸一具鐵索鋼其項後有木匣函其顱索鋼如之而骸與匣並新鮮如非瘞是門嚮西南爲巽隅地家所稱當避賊鋒者而今若此意城時取賊軀以壓勝耳

入相傳自來郡城中無剽寇自隋月城後始漸有以爲犯勝理或然也水門曰東郭元名東明城樓四敵樓一兵馬司四窩鋪三十五月城三女墻二千二百九十二城內外並池以遶之外池東廣五丈深一丈南廣八丈深九尺北廣五丈深八尺內池並廣丈有八尺深七尺嘉靖三年知府南大吉重脩女墻並易以磚高四尺六寸厚一丈崇禎十五年推官陳子龍脩五雲外城名曰雷門重險

國朝順治十五年總督李行文各縣脩城女墻併二爲一

康熙十三年七月十三日土寇竊發蜂屯蟻聚幾數萬圍薄郡城晝夜進攻城幾陷知府許弘勳率僚屬同鄉紳姜希轍余縉金煜王穀韋貢士虞相虞鄉姜垚及居民等堅守城墉時武備單弱弘勳

再三慰諭奮勇登先人有固志復乘閒殺賊匕遂退勦撫兼施孤城獲全越郡始終不罹兵革得以危而復安者口碑載道至今不絕合郡紳士有續保越錄（余縉序）保越錄者紀唐宋以來節度刺史禦寇靖民之實蹟也續保越錄者紀今紹守許公甲寅年捍孤城殲羣逆討平郡邑諸山越之實蹟也公諱弘勳字元功三韓人由華胄起家郎署出守會稽郡巖鄉也復瀕海公下車甫數月適逢閩變一時人情鼎沸公獨鎮靜若平時脩城浚隍鐵干穀胄咸咄嗟立辦而民不知有警既而婺括之介流潰日衆奸民蠭起愚者率爲所迫遂長驅犯越時賊窺守將若拉朽內無勁旅外無援師謂越城可唾手拾耳幸公以文臣任武事措施優裕咸有成算殲諸城下幾盡覆之其竄伏外邑者率師躬討悉殄根株旬日間遂致清寧公之才固度越諸賢而誠心愛下廉平之德實有以讋服人心故勦撫所及咸投戈涕泣罔敢奮螳臂以當者嘗身詣賊巢止携二三僕從諭以禍福賊既感悟已而

有誘脇者謀將中變幾以不測加公左右皆洶懼或勸公微服潛遁公叱之曰吾既入虎穴寧畏虎子耶遂酣寢達旦賊皆貽聘不敢動有驚疑從間道逸去者轍爲邏卒所獲蓋公已先期設伏賊雖鋌走無一得脫者始相顧駭以爲神撫事乃定公之膽智絕倫類如此今公備兵海上鯨鯢絕蹟秀冀清晏之風久庇東浙而公竟以內艱歸兩郡士民攀轅流涕若疾痛之需父母　制閫素重公欲勉留不可得則議暫借以伺新軫而公至性必不可奪遂力辭終制越人先勒石以銘之矣猶謂金石有時刊蝕唯誌之郡乘庶俾後之君子溯觀而知所取法焉爰不揣固陋述數語以繼古錄云

所城

瀝海所城在縣東北七十里三十三都之薛家瀝

明洪武二十年信國公湯和建城方三里三十步高二丈二尺厚一丈八尺城門四城樓四角樓四敵樓四月城四兵馬司廳四窩鋪一十六女墻六百一十一池深一丈有五尺廣五丈五尺內設教場一所所城原與上虞分轄會稽管轄西北二門上虞管轄東南二門亦于順治十五年重脩

廢城

會稽山上城在縣東南一十里越絕書句踐與吳戰大敗棲其中乃以下爲牧魚池其利不租舊經句踐爲夫差所敗以甲楯五千保于此城也十道志云城天門也天門當閉開必致虎嘗觀吳之勝越越雖大敗猶以甲楯五千保險拒之故得不亡此與漢伐宛無異

究以得存者亦以中城不下故也豈獨以綱略論盟而得存哉及吳之亡也乃束手請以越之事吳者事越豈可得哉夫差豈能存亡國句踐亦非忍于滅吳各因其勢而已故表出之爲後世守國者之戒

會稽山北城在縣東一十里〔越絕書〕子胥浮兵以守城是也〔舊經〕夫差圍句踐于會稽山伍員築此城以屯兵

侯城在縣東五十八里越始侯無餘所都城也

黃家堰巡檢司城在縣東北八十里舊纂風鎮與上虞縣界〔郡志〕司城爲方一百四十丈高一丈三尺厚二丈五尺南北環以月城城樓一窩鋪四女墻一百十城城下有池深一丈二尺廣四丈五尺舊在府城東北六十里黃家堰洪武二十年徙

灑海所西爲海潮所齧弘
治間徙今所故址尚存

設官

柳子論封建大約謂上古之時起于有爭而就質於是刑政漸以生焉是故有里胥而後有縣大夫有縣大夫而後有諸侯有諸侯而後有天子自天子至于里胥皆有德者也歿必求其嗣而奉之此封建之所由始也信斯言也則縣大夫之設其初且未屬于天子而民自求有德以聽其治其後旣有天子則天子始求諸有德者責其治以加于民

然而自始求之外子嗣其祖以爲治未必肖之者亦多矣而今之言制者每每進封建而退郡縣之設官噫今所設之官類皆天子求諸有德責其治以加于民亦猶古初民自求諸有德以聽其治之類也即有鮮德者亦不猶古初封建之後其子孫嗣以爲治未必肖其祖之類耶如此則凡鮮德者其爲官之責而非設官之責也亦明矣言制者又烏用進封建而退郡縣之設官也耶　徐渭

〔周制〕縣有正以掌其政令而治之其屬有黨正族

師閭胥比長鄙正春秋列國或曰宰曰尹曰公有大夫名以國與其爲縣邑之長則一也長各有貳然丞尉之名則無聞領縣始于秦秦置令丞尉各一人三老一人亭長未詳其數漢率襲秦令一人千石月俸八十斛丞一人四百石月俸三十斛尉一人二百石月俸十五斛主簿令長得自調用秩與尉同三老一人擇鄉之三老爲之得與令丞尉以事相教孝弟力田一人嗇夫游徼一人至武帝增置學官一人平帝置經師一人晉增置嗇夫二

人教官掾一人方畧吏一人書史二人史佐二人〔後魏〕增置博士助教各一人學生四十人會稽有縣自隋開皇九年始〔隋〕置縣列上上者有令丞中正光迎功曹光迎主簿功曹主簿錄事及西曹戸曹金曹兵曹等掾市長等員令屬官佐史五十四人上中縣減上上縣五人上下縣減上中縣五人中上縣減上下縣六人中中縣減上中縣五人中下縣減中中縣一人下中縣減下上縣一人下下縣減下中縣一人當時會稽不知列何等今不可考自州郡縣各

因其大小置白直以供其役上縣令爲第六品中縣令爲第七品下縣令爲第八品祿率一分以帛一分以粟一分以錢六品一百匹二十五匹爲一秩七品六十匹十五匹爲一秩八品三十六匹九匹爲一秩隋書云祿但以帛稱匹不及錢粟故曰匹唐置令一人從六品秩田五頃歲俸八百有五石丞一人從八品秩田三頃歲俸六十四石有五斗主簿一人正九品秩田二頃五十畝歲俸十九石有五斗尉一人從九品秩與簿同學置長史一人學生三十五人額

固猶漢魏也〔宋〕置知縣一人秩田六頃俸二十千丞一人秩田四頃俸十五千主簿一人秩田三頃俸十二千尉一人主學一人秩俸皆同簿增置忠翊郎巡檢一人承信郎監酒稅一人〔元〕增置達魯花赤兼諸軍奧魯勸農事一人秩田二頃月俸鈔十有八兩縣尹一人秩與達魯花赤同主簿一人秩田一頃五十畝月俸鈔十有二兩丞一人秩田一頃月俸鈔十有二兩典史及尉皆一人月俸米八石鈔十兩教諭一人月俸二石鈔十兩至〔明〕制

置知縣一人正七品月俸七石有五斗丞一人正八品月俸六石有五斗主簿一人正九品月俸五石有五斗典史一人月俸二石司吏十一人典吏二十一人敎諭一人訓導二人俸廪皆三石生員廪膳二十人增廣二十人附無定額今在會稽者約四百人其屬今在會稽者東關驛丞一人月俸一石吏一人舊在會稽者五雲桑盆河泊所二倉塘稅課司一三界蒿陡桑盆稅課局三各有官一人吏一人後俱革崇禎間裁主簿一員

國朝官制品級因之俸廩載田賦志下主簿　裁訓導于康熙三年奉　裁于康熙十六年復設

縣署

正廳三間名牧愛堂　幕廳一間　後堂五間西爲冊庫　耳房一間　穿堂一間　戒石亭一座　兩廊十六間　鹽倉三間　土地堂一所　獄一所　儀門三間　外門三間　旌善亭一間　申明亭一間　坊牌二座　客廳三間名賓賢館

知縣衙在正廳後

縣丞衙宋在東大德政坊今在知縣衙東

主簿衙在知縣衙西　今廢

典史衙宋在縣東七里靈氾橋今在正廳東

三友亭　亭植松竹梅令丞簿託以自見吳元年知縣戴鵬舉脩之王宥作記成化十五年吳琛復脩亦有數語以識〔元王宥記〕縣有令丞簿令卒一邑事無所不統丞若簿各有分職非若令之得專决前代史冊所書專稱令而不及丞簿今則藉令佐職于縣事皆得預聞是非可否均若一體無特情獨斷之害視古制爲良會稽初入版圖于是縣令戴君鵬舉及縣丞胡君伯庸主簿鍾君仲輔實皆一時之選下車臨政問民間之疾苦刮垢去弊光彩振發恒賦之外無橫斂之苛無叫囂之苦民皆鼓舞奔走樂于趨事政成治安相與無事日惟守法循理而已縣廨舊有亭廢久不治乃擴

而新之又加飾其欄楯環樹梅竹雜蒔松其間景物蕭灑頓殊疇昔公事之暇則相與扶携至是對哦松竹商略古今清坐雅談爲事余歸自金陵聞至其所愛其幽曠閒雅有不忍舍去之意三君子起而言曰是不可以無記余觀天下之植衆矣春而榮夏而長秋至氣肅而摧剥繼之獨松與梅竹凌寒不凋傲霜雪貫四時而不改柯葉豈非得天地剛健之氣而遂其性之貞固獨能久長而不衰故三者得以友稱而他木不與焉今邑大夫暨僚佐侃侃自治不爲物撓其節操剛特不變亦類於是夫藝木之初已期于自擬非偶然也木無殊于人事而人之節槩則有似焉故人以木而表見其性木以人而愈彰其名則凡處兹邑署而同治民者誠良益友也古者同僚爲友邑之僚適三人而無外與皆能以清操自持愈久峻拔將金石與交而終始益堅木不足以爲比豈獨是亭哉嗟夫登亭而觀木因木而思其人則亦使後之人知其所自而有省爾（吳珍識）余自丁酉冬來令兹邑公暇

每詢前任有善政貽于邑者心竊慕之然久亦未得其人今公署後偶見碑石廢草莽間命洗而讀之乃戴君鵰舉令是邑與丞簿託松竹梅以自比名曰會稽三友亭記君之政績雖未暇究然觀此而其爲人可想矣余讀記因有感焉故重建以俟後有所考云

清遠樓　嘉靖十六年知縣牛斗建隆慶六年楊節繼之樓下畦瓜一莖三蒂而六實因更其名曰嘉瓜樓

集思堂　即後堂久圮康熙五年知縣王安世重建

縣令題名碑一座　嘉靖八年知縣王文儒立

右縣署唐垂拱二年建周二里前臨開元寺後月池坊廳後濵河明洪武二年知縣戴鵰舉重建成化十二年吳珍脩正德四年陳玉脩別有寬簡堂綠漪廳在宋時所建者今廢

屬署

東關驛在縣東九十里即古東城驛門樓三間　正廳三間　穿堂三間　後堂三間　房四文行忠信正從鋪陳各一副

站船隨船正從鋪陳各一副

紅船隨船正從鋪陳各一副

支應每月若干舊驛在曹娥鋪右二百步其左卽曹娥舊壩隔江岸二里許泥濘難行嘉靖間里人共捐產開河由曹娥埸起至鳳凰山下移驛于壩邊臨江滸東近上虞凡各上司往來差役以江心爲界有站船紅船河船等水手值馬夫把門諸官隨夫役其擔負扯牽等項名曰募夫募夫向

有夫頭領縣工食僱夫應用工食人手往往逃竄
三院司道及汛兵往來鎖拷居民不遑寧居萬曆
年間知縣某立法將募夫工食給附近十三四五
都里長免其雜項差役承值募夫
國朝順治年間大兵過往如織里長不能供應今兵
役已寧民始休息總督趙嚴禁攙遞等弊碑立塔
橋
邊

便民倉在都泗門內　官廳三間　土地祠一間
大門三間　廒五十間今廢已久

預備倉在便民倉內即古比義倉基　官廳三間　廒六間
今多圮廢稍因遺址繕治爲　論祭倪文正圖舍
地凡九畝　按縣郊古有東西南三義倉俱久廢

迎春亭舊在鎮東軍門左弘治中移至東雙橋上
已而移至五雲門外每歲立春于此迎春

今來萬曆間知縣羅相重建常平倉亭在常平倉之前（陶望齡記）常平倉議發于浙江參政張公既奉俞旨檄所部諸州縣作之是歲丙申五月會稽尹　公以新倉報成倉處五雲鋪布故河泊所地西望郭前瀕大河航馳擔趨人力所湊官易監察而民便于出納厥地最宜土木傭力之直銀二百八十四兩零備者食穀百有六石成屋大小十九間表石墻六十六丈費最省倉之製正廳三間前擴之爲捲蓬間稱焉後引一室爲吏衣所兩耳曰社學間稱焉學旁兩小房衛之東西翼爲厥房皆連七楹受粟度可八十餘石廳左方三楹曰土地祠右方者間稱焉前爲大門踞達度逵瞰水楹者五特脩廣壯麗爲官廳門之兩隅各旁引八室列肆者儲于官而居焉夫會稽浙東首郡而五雲會稽東門大道也曩者歲首立春日郡太守率僚屬延句芒東郊導從無所止常止鋪中鋪湫隘履舄相蹈並涯民居喧穢省憲大官弭節無地吏民迎送參謁威儀弗悉二者皆大郡之辱沿不可改倉

建而三利併焉閎其內可以萃冠蓋巍其外可以
憩使舟駐舟有度將迎有體肅官常敬民事倉云
乎哉以故厥規制最鉅備仲春始傭工踰兩月而
成君地湧天營欻然就績民美輪奐不聞役作厥
成最速公猶曰後之人其或隳吾緒而忘作之艱
難爲買田若干畝取田之入與居肆者儥錢爲脩
葺費是倉也庶幾可以常新厥謀又若斯之永也
陶子曰官帑之絀甚矣倉者以爲藏也官未憂所
藏而先憚于爲藏者爲藏者絀矣而何有于藏者
哉雖然盈與絀非常數能者常有餘拙者常不足
公是舉也有餘其力以獲有二善有餘其謀以貽
後之人可謂眞有餘矣眞餘者絀不能絀非大過
人之才力焉能辦乎夫常平之法自漢迄于唐宋
往往官出緡錢爲糴本至明改爲預備凡納粟賜
爵與掾吏免試罪人贖辜皆委輸于倉雖不置糴
本而所積固已充羨焉則一預備而可矣厥後四
方之積斂而內輸荒政所需徒取給紙贖比量分
數嚴罰隨之長吏黽勉及程猶恐不逮即一預備

猶難焉然預備之法放而無所息出多不返積雖豐而易匱常平者反之息之苟有善者可以漸豐爲法較善獨今日時勢稍艱耳官不能具糴本一難也未下勸幸之令而先遠抑勒之嫌二難也力殫于預備而緒爲常平三難也故非有大過人之才力無以善其事今新倉所儲既漸以羸矣民皆知我侯用心之苦而莫測其妙令繼者復如侯之日滋月息則倉其庶幾哉昔元晦之議社倉也說者所持與議郡邑皆空支相枝梧獨會稽山陰力行之而民受賜甚渥由此言之法無難易神而明之存乎其人信矣哉

接官亭 卽東道所在迎春亭東一里知縣張鑑創邑士秦位金堂捐地爲之基 大門三間匾曰舟行盡圖 正廳三間匾曰東道所

分香亭 在稽山門外凡遇頒降　御香皆迎至此亭二灶分往南鎮禹陵之灶

分往宋攢宫永阜永穆陵今亭地基存

養濟院附于府在山陰鯉魚橋西即宋時貢院故址院東屬會稽星百餘間正德十四年知縣徐岱重脩今廢

寓署

曹娥場鹽課司在東關驛南隷兩浙鹽運司

紹興衛軍器局在縣治東南二里明初在紹興衛公署後洪武二十三年指揮趙忠移置于此即福果寺基

常豐二倉在瀝海所隷餘姚縣

廢署

倉塘稅課司

三界稅課司

桑盆稅課司

蒿陡稅課司

五雲河泊所

桑盆河泊所以上司所俱以本地名五雲桑盆二所俱宣德十年裁宋郡志載樊江巡檢司會稽捕盜司湯浦紙局三界紙局曹娥稅場今俱廢

瀝海千戶所在縣三十三都纂風鎮舊隸臨山衛國朝奉裁以

餘地併入縣其教場及倉基二
十三畝爲倪文正　諭祭地

會稽縣志卷第二一終

會稽縣志卷第三

山川志上

形勢　山

紀揚州之山川者在禹貢曰彭蠡曰三江曰震澤而止在周禮曰會稽曰具區曰三江曰五湖而止彼州者於天下九之一也今邑者於天下幾於千之一也一聖君一賢相書天下九之一之山川不滿一只牘今之志會稽者書天下千一之山川乃累十數紙而未終且間有闕略故哉秦以前天下

之地各屬其封國惟各屬其封國則王者制其貢篤已耳不責其數可也故夏之物於揚州亦止曰貢金三品瑶琨篠簜齒革羽毛木而已周之物於揚者亦止曰金錫竹箭而已秦以後天下之地一統於京師惟一統於京師則王者雖制其貢矣不責其數不可也故一毛一鱗之所産亦必稽於土登於版與壤畝等也而不敢以諉夫物不責其數故山川可畧也可畧故紀山川其大如州者不滿一尺牘物責其數故山川不可畧也不可畧故紀

山川其小如邑者累十數紙而未終且間有闕　徐渭

形勢

夫郡邑之有形勢豈取于觀游哉會稽東有姚江北有大海南有杉木駐曰嶀山諸嶺而西界於山陰納地六千頃丁男六萬人無事則耕食鑿飲有事則荷戈帶甲向者批東關撒清風嶺名屬嵊以與倭相從事據險擇利而進則所謂姚江大海諸嶺未必鄰封之不爲我而增壯也晉書孫恩入餘姚破上虞兩寇邢浦害謝琰寇邢浦雖不書何地然自上虞入必循會稽東道曹娥閒也五代史錢鏐出平水率奇兵破劉漢

宏之將朱褒於曹娥埭（保越錄）元至正時兵亂邑人裘廷舉結鄉兵於守駐日嶺而近歲倭掠東關屯皋埠者往往從娥江入若所稱佳山水特游觀之具豈形勢之謂與已志在山川部中

東環娥江（界上虞）北遶大海（界海鹽）南接杉嶺（界嵊）西倚山陰東南阨嶀山（界嵊）西南阻駐日（界諸暨）

山

南鎮會稽山在縣東南一十二里（周禮）揚州之鎮山曰會稽（山海經）會稽之山四方勺水出焉（史記）禹會江南計功而崩因葬焉命曰會稽會稽者會計也（注）禹到大越上苗山爵有德封有功因更名曰會稽（吳越春秋）禹還大越登茅山以朝群臣大會計更名茅山

曰會稽山（輿地志）會稽山一名衡山其山有石狀如覆鬴亦謂之覆鬴山（十道志）會稽山本名茅山一名苗山一名塗山吳夫差入越王以甲楯五千保會稽山（太平御覽）會稽之山古防山也亦名鎮山（三國志）虞翻曰南山攸居實爲州鎮隋開皇十四年詔會稽等山並就山立祠唐開元十四年封四鎮山爲公會稽南鎮曰永興公（唐地理志）會稽縣有南鎮永興公祠即此山也地志所著曰苗山曰茅山曰衡山曰釜山曰防山曰覆鬴曰棟山亦曰南山寔一山也東北接觀嶺其上有盤石屹立曰降仙臺一曰苗龍仙人臺臺下有香爐峯永興公祠之側有茗鳴淘沙徑思古亭遺址山南別峯曰石傘峯之下有唐齊抗書堂范蠡養魚池山西北五里即禹井禹廟宋名告成觀又西百餘步有大禹寺菲飲泉（注）山與宛委相接宛委山即禹穴號陽明洞天（泊宅編）會稽東南巨鎮對案梅里尖謂之筆案其周回六十里此又兼言實山也然則會稽云者諸山之通稱爾（晉郭璞贊）禹徂會稽爰

朝群臣不虔是討乃戮長人玉櫝表夏元石勒秦

唐孫逖詩稽山碧湖上勢入東溟盡烟景畫清明九峯爭隱嶙望中厭朱紱谷內探元牝野老聽鳴騶山童擁竹軫仙花寒不落古蔓柔堪引竹澗入霜多松崖向天近雲從海山去日就江村隕能賦丘嘗聞和歌參不斂冥搜信冲漠多士期標準願奉濯纓心長謠反招隱

李公垂詩劃平水土窮滄海畚插東南盡會稽山擁翠屏朝玉帛穴通金闕駕雲霓秘文鏤石藏元璧寶檢封雲化紫泥清廟萬年長血食始知明德與天齊

宋高宗詩六龍轉淮海萬騎臨吳津王者本無外駕言蘇遠民瞻彼艸木秀感此瘡痍新登臨望稽山懷哉夏禹勤神功既盛大後世蒙其仁願同越句踐焦思先吾身艱難勝遲養聖賢有屈伸高風重君子屬意種蠡臣

元吳萊詩自我行至越因之成越吟會稽乃巨鎮擁拔天東南東南誰開闢大禹世所欽外方島嶼接支子祧廟臨磬韶或聲諫欙橇惟力任收功黃熊化畫道應龍深衣冠千年定玉帛萬國沉荒

煙尊卓胄落日望狩心盛德蔑以過遺祠尚茲歆
澍灝斂餘漲碧梧分遠陰前迎蓮花渚後擁竹箭
林欲廻刻曲棹肯鼓玉門琴秦皇舊時輦散亂何
可尋欲去不忍去追遊更來今（黃元鎮詩）巨鎮東
南表海邦玉書金簡昔人藏雲從禹會奔侯國星
列周官貢職方野逕莓苔秋樹老空山香火夕輝
凉恭惟歲徧宗群祀勅使年年攝薦璋（明劉基詩）
會稽南鎮夏王封蔽日騰空紫翠重陰洞烟霞輝
艸木古祠風雨出蛟龍　此日歸何處玉簡他
年豈再逢安得普天休戰伐不令竹箭與輪供（又
謁夏禹王廟有感詩）一片宮垣粉黱新前王陵廟
在松筠玉書金簡歸天地貝葉曇花託鬼神滄海
波濤紆職貢山川艸木望時巡苗頑未狎虞階舞
空使忠良淚滿巾（又感懷詩）朝登會稽山遥遥望
南訛禹穴巳蕪沒禹功長不磨惆悵感往昔沉吟
發新歌誰言專車骨冠弁高嵯峨爲虺且復爾爲
蛇當奈何天門隔虎豹空悲涕滂沱（王守仁登香
爐峯詩二首）會從爐頂躡天風下數天南百二峯

勝事縱爲多病阻幽懷還與故人同旌旗影動星辰北鼓角聲廻滄海東世故莼莼渾未定且乘溪月放歸蓬（又）道人不奈登山僻日暮猶思絕棧雲岩底獨行穿虎穴峯頭孤嘯亂猿群清溪月出時尋寺歸棹城隅夜欵門可笑中郎無好興獨留松院坐黃昏（沈鍊宴集南鎮山池詩）桂席俯雲端山禽舞合歡羽觴流滿月仙管發幽蘭香醑花能釀清絲水共彈不知歌咏地猶作晉衣冠（蔣平階會稽山辯）紹興舊志以禹陵南之覆釜山指爲會稽山傳聞乖謬襲而不考一至此哉虞書以四岳爲天子巡狩之所禹定九州各以道里適均之地大會諸侯封其高山爲州之鎮揚之會稽其也夫王制五嶽視三公言德高地峻品物儀章莫隆于此是則四隩之山惟此四者難可等倫故命之爲嶽嶽者高也大雅賦崧高亦曰崧高惟嶽峻極于天言非二室三臺所能並也周禮職方氏不云嶽而均謂之鎮鎮者尊也鎮猶嶽也然則會稽之在揚州猶青齊之有岱宗漢南之有衡山也若覆釜

蜿蜒卑伏屏於諸山之下而名之曰鎮以與石閭日觀祝融玉女並稱赤帝之闕而表受命之符抑亦爽其實矣必若所云則作鎮與金天者當于少華首陽而何必從太華七十二君之金泥玉簡當于云亭梁父社首蕭然而奚必登介丘由斯以談覆鬴之欲當會稽求諸義類無適而可按宋志作於陸待制游明志相傳以爲徐山人渭代作二君素號淹雅豈其有罣漏與然則會稽山云何曰郎今所稱秦望者是山海經曰會稽之山四方勺水出焉南流至於湨諸山惟秦望其形削成而方有南流之水若天柱而下香爐宛委水皆北流與山經不合此一證也吳越春秋夫差入越越王以甲楯五千保會稽秦望險峻故可擐甲自衛敵不能仰攻若在覆鬴蹙之卽鳥散矣且其山僅可棲數十人耳五千之衆安所容足乎泊宅編亦云會稽東南巨鎮周回六十里覆鬴未及里許何云六十里乎故舊志又曰會稽山者諸山之通稱爾彼刻石望秦皆可以會稽名之歷考古經并後賢緒論

秦望之爲會稽彰彰可據矣自始皇東巡登之以望東海輒置其故名既以榮號而謂之秦望蓋秦以後之文并三代之舊也宋陸參法華山碑亦曰夏后氏巡狩越山方名會稽後世分而爲秦望鼇而爲雲門法華其實一也而李斯所作頌德之碑其文蓋謂遂登會稽宣省習俗舊云碑在秦望則當昔時祖龍馳道之初其山名從故未之有改也然則覆鬴之稱會稽者何居曰以南鎮之廟在其側也夫廟之立也必擇塏爽平衍之區廣可設壇場而塗足以通使臣之車轍若必于秦望則崎嶇斗絕非其便矣且以其無非會稽也故隨所擇而廟焉豈牲犢圭璧獨此培塿

循端反此於時人之惑可以

宛委山在縣東南一十五里（舊經）山上有石簣壁立干雲升者累梯而至（十道志）石簣山一名宛委一名玉笥有懸崖之險亦名天柱山昔禹治水功未成乃齋戒於此得金簡玉字因知山河體勢（水經）玉笥竹林雲門天

杜精舍並疏山爲基築林栽宇割淵延流盡泉石之好〔太平御覽〕會稽石簣山上有金簡玉字之書夏禹發之得百川之理山有棲神館唐改爲懷仙館今爲龍瑞宫尚存〔道書云〕陽明洞天一云極元太元之天山巔有飛來石其下有葛仙翁丹井山南有葉天師龍見壇〔史記云〕太史公上會稽探禹穴〔注〕大禹至會稽因葬焉上有孔穴民間云禹入此穴自舊經諸書皆以禹穴繫之會稽宛委山里人以陽明洞爲穴今無所攷惟唐鄭魴書禹穴二大字元微之銘而魴序之然昌黎送惠師云嘗聞禹穴奇東去穿甌閩越俗不好古流傳失其眞則禹穴不可定名久矣〔舊經〕引遁甲開山圖禹治水至會稽宿衡嶺宛委之神奏玉匱書十二卷禹開宛委山得赤珪如日碧珪如月各長一尺二寸〔唐宋之問詩〕禹穴今朝到耶溪此路通著書聞太史煉藥有仙翁鶴往籠猶掛龍飛劍已空石帆搖海上天鏡落湖中水底零霜白山邊墜葉紅歸舟何慮晚日暮使樵風〔元韓性長短句〕秦望幾茂千仞翠

入蓬萊城中望山色明暗分陰晴老夫散策山前路爲愛看雲不歸去仰看驚怪鷺飛來回頭忽見雲生處晻中孤起如炊烟乘風騰上蒼崖巔崖巔宿雲喜迎接横空一幅兜羅綿天風吹散銀千縷淡處是烟濃是雨雲師拗怒不肯回露出峯頭尺來許一雨三日溪水肥老夫欲歸不成歸雲師知我慘不樂故出小橋相娛嬉老夫作詩一笑領舉袖收雲散空迴倚松絕叫山下人仰看雲峯起山頂（明王元章玉笥山詩）幽窅無人迹空虛見遠天雪深山氣伏崖斷樹根懸烏鳥翻身入狐貍放膽眠老夫多脚力更欲上會巔

秦望山在縣東南四十里宛委山南高出群山秦始皇登之以望東海故名（史記）始皇三十七年登會稽山祭大禹望於南海立石刻頌秦德李斯篆書（太平御覽）南山有譙峴中有大城越王無餘之舊都也句踐語范蠡曰先君無餘國在南山之陽社稷宗廟在湖之南山有三巨石屹立如笋龍湫冬夏不竭俗

號聖水傍有崇福侯廟今廢山在城之南與郡治
屹對故謂之南山姚令威叢語予嘗上會稽東山
自秦望山之巔並黄茅無樹木山側有三石笋有
水一泓蓋即譙峴也咸平中陸參撰法華山碑夏
后氏巡狩越山方名會稽后世分而爲秦秦望盤而
爲雲門法華其實一山然則秦望亦可以會稽名
之耶始皇登此山以望南海又陟天柱之高峯以
望秦中始有秦望望秦之名而秦望爲最著（十道
志）秦始皇登秦望山使李斯刻石其碑尚存然以
姚令威及王龜齡所記考之一以爲在鵞鼻山一
以爲在何山未知孰是（秦頌德碑文）皇帝休烈平
一宇内德惠脩長三十有七年親巡天下周覽遠
方遂登會稽宣省習俗黔首齋莊群臣頌功本原
事迹追守高明秦聖臨國始定刑名顯陳舊章初
平法式審别職任以立恒常六王專倍貪戾傲猛
率衆自强暴虐恣行負力而驕數動甲兵陰通間
使以事合從行爲辟方内飾詐謀外來侵邊遂起
禍殃義威誅之殄息暴悖亂賊滅亡聖德廣密六

合之中被澤無疆皇帝幷宇兼聽萬事遠近畢清運理群物考驗事實各載其名貴賤並通善否陳前靡有隱情飾省宣義有子而嫁倍死不貞防隔內外禁止淫泆男女潔誠夫爲寄豭殺之無罪男秉義程妻爲逃嫁子不得母咸化廉清大治濯俗天下承風蒙被休經皆遵度軌和安敦勉莫不順令黔首脩潔人樂同則嘉保太平後敬奉法常治無極輿舟不傾從臣誦烈請刻此石光垂休銘（唐蕭翼詩）絶頂高山路不分烟嵐長鎖綠苔紋獨殘摧落懸崖石打破下方遮日雲（薛據詩）南登秦望山月極大海空朝陽半暘谷晃朗天際紅溪谷爭噴薄江湖第交通而多漁商客不悟歲月窮振緡近早潮弭棹候遠風予本萍泛者乘流任西東茫茫天際帆栖泊何時同將尋會稽跡從此訪任公（宋陸游醉書石壁）秋雨初霽開長空夜天無雲吐白虹劈波浴海出日月披山捲地驅雷風崑崙黃流瀉浩浩太華巨掌摩穹穹平生所懷正如此拜暘虛皇稱放翁放翁七十飲千鍾耳目未廢頭衰

童向來楚漢何足道眞覺萬古無英雄行[illegible]霞蹤亦安在聊借濤快洗我胸濤瀾變化蛟鱷怒衝衛或與精靈逢黃金鑄盡決河塞俘獻頡利長安宮不如翠華掃青嶂一寸毫健驚天公王十朋詩贍彼秦望崇于會稽曷云其崇登覽而崇孰登是山西方之人兮瞻彼秦望輕于會稽曷崇而輕名之以嬴孰名是山東方之人兮我登稽山思禹之蹟吾儕不魚帝之力我瞻秦望哀秦之過虐彼黔首其誰之禍禹駕而遊夏民以休有翼其行稷尚是謀政輟而狩嬴隨以仆孰稔其惡斯高左右孤竹兄弟殍于首陽山與其人嘉名孔彰豨辱以愚泉污以盜物之不幸名惡而暴浙濤如銀鑑流如紳濯彼崔嵬勿汙以秦宋林景熙詩鑴石奇功席捲來眼中滄海一瓊杯神山只在靈鰲背徐福樓船不見回明唐之淳詩秦皇未云失龍駕此遐邈茫茫三神山虎視欲來賓時維四海內孰不讋在秦睽睽千萬目相顧不及晨尚採不死藥樓船訪仙眞意欲世無儒一身當萬春遂令徐福輩奔走

空辛勤有之諒莫致况乃無其人茲山幾春秋艸木拔暗塵上有李斯碑磨滅無復存下有神禹陵佳氣日氤氳過者同歎息仁暴固殊倫戴冠亦前

韻詩嬴政已稱帝肆然意東巡豈但求蓬萊亦欲海外賓築城虛防塞登山空望秦誰知鮑魚臭長夜不復晨丹藥本無驗神仙亦非眞豈有暴虐徒不死長青春唐堯尚徂落虞舜亦倦勤聖人會有盡况乃非聖人人生天地間弱艸棲輕塵往古與來今超然誰獨存山形自崔嵬山氣長氤氳寄語學仙者勿與狂夫倫

吳中詩秦望之山秀且雄千巖萬壑環西東奇峯影落鏡湖水碧波蕩漾金芙蓉秦皇曾此窮躋攀泛海樓舡竟不還霸圖已卜千萬世何須更覔三神山宛然不見燕昭徼倖心方或神仙說皓靈已見[illegible]西姥萬里東巡猶未歇黃旗翠蓋蔽林丘千騎還[illegible][illegible]山面琳宮貝闕秋何許一片蒼烟連蜃樓古亭千年逝如掃元氣靈長山自好崖懸不[illegible]聲宜[illegible]徑合松陰晝[illegible][illegible][illegible]來爲覔先秦文悲歌不[illegible][illegible][illegible][illegible]斷[illegible][illegible][illegible][illegible][illegible]

王回首丹丘空白雲〔蕭昱詩〕西風吹源海冥冥東望長天萬里青莫怪鱗洲消息斷腥〔王守仁用壁間韻詩〕秦望獨出萬山雄紫翠道盤蒼空飛泉百道瀉碧玉翠壁千仞削古銅久雨忽晴眞可喜山靈於我豈無以初疑步入畫圖中豈知身在青霄裡蓬島茫茫幾萬重此地猶傳望祖龍仙舟一去竟不返斷碑千古原無蹤北望稽山懷禹蹟却嘆秦皇爲慚色落日淒風結晚愁歸雲半掩春湖碧便欲峯頭拂石眠弔古傷今益惆然未暇長卿哀二世且續蘇君觀海篇長嘯歸來景漸促山鳥山花吟不足夜深風雨過溪來小榻寒燈臥僧屋〔董玘記〕秦望山在越中最爲傑特史記謂始皇東巡至此故名予昔以省覲歸留五六歲得縱遊諸溪山猶未及所謂秦望者恒以爲歎今年冬仲王邑侯道脩過予山中偶談及之乃使人斫榛莽除茅莅蹊徑微露報曰可以登矣甲辰之夕以舟來迓至望仙橋宿焉鄉彥司馬邢柱汪子宿少尹趙惟衡皆會次日早至雲門寺憩遂

命輿而登循麓數百步有泉鏘然折而北至小阜嶷在霄漢間問樵者曰此未及半又數十步石益峻徑益縈曲輿人皆病乃攝衣攀援以上或後或先或喘或顛至山之絕頂而止遙望東海渺瀰一白雲起天末隱若島嶼俯瞰郡城迤邐一帶入山壘壘僅如卷石南接宛委諸峯列若屏障左右拱峙勢如飛舞禹陵在焉西臨鑑湖烟水浮映帆影出沒若有若無蓋一郡數百里之土壤與夫千巖萬壑之爭競者皆在履舄之下一覽而盡久之落日漸低暝色四合崖谷黯黮林木振動乃尋舊路而下是夕復宿于寺子宿與邢柱相顧嘆曰大哉觀乎吾越人生長于斯有終身弗獲一至焉者今日之遊詎非幸歟予曰傳有之不登高山不知天之高也不臨深溪不知地之厚也秦望且爾況所謂泰岱恒華者哉夫人之德與業其廣大所極亦有然者顧予衰目病無所於進矣惟諸君子勗之邑侯曰是遊也不荒于嬉而終以規盡記之以示弗忘因書諸石若乃始皇之事固無足道而茲山

之勝亦非秦所能屬也（劉駿詩）名嶽綂幽想遐攀藉群仲緣蘿經峭壁披篠臨迴磴溪流淨嶄碧林籥維春弄遠眺眷前蹤慷慨悲世夢（酈道元越中注）秦望山在州城正南爲衆峯之傑陟境便見史記云秦始皇登之以望南海自平地至山頂七里懸磴孤危徑路險絶記云攀蘿捫葛然後能升山上無高木當由地迥多風所致昔大禹即位十年東廵狩崩於會稽因葬焉有鳥來爲之耘春拔艸根秋啄其穢是以縣官禁民不得妄害此鳥犯則刑無赦山東有硎去廟七里深不見底謂之禹井云東游者多探其穴也（張元忭記）吾越巖壑之勝甲天下鼓櫂而出遊遠近數十里之內其爲奇峯邃谷怪石好泉者信步皆是而群山所宗惟秦望爲最高環秦望之麓浮屠之宮若明覺普濟廣福天衣今皆湮于榛莽而自義熈迄今千餘載故址依然唯雲門爲最盛萬曆甲戌余以省覲歸讀書雲門春既暮乃挈壺榼以往由石橋折而北數百步爲白乳泉又三里許抵秦望之足有峯聳起如

削當山之半從者指曰此錢刑部修眞之所余扶掖而行輿步相半見有石壁立當峯之前上爲龕趾鳴泉淙淙遶出其右松檜蓊欝可悅嘆曰昔者入山子棄妻子焚衣冠巢棲於此者凡八年虎豹之與群猿狖之與居郎所學畔孔氏乃其處志而苦行超然遠埃之表可不謂奇男子哉而使之泯沒無傳是吾黨之過也客曰然請鐫其石曰錢公巖自此磴益危徑益窄後先相尾攀蘿葛而上疊什疊起疊酌疊憩乃陟其巔巔廣可數丈平衍無木相與藉茅趺坐俯而四矚萬山羅列其下東望則宛委香爐之間夏后氏之所藏也西望則鵝鼻茅峴逶迤相接志稱秦皇之刻石無餘之故都在焉北望則海波如練郡城如帶萬井如鱗卧龍飛來諸山纍纍如塊慨焉想句踐之雄風慕少伯之遐舉南望則雲門諸峯起伏萬狀若耶一水淡淡如纔任公子之所垂鈎王謝何陶諸賢所從處而遨也觀覽既周引觴浮白歌咏交作須臾有白雲從海上起漸升漸浸欲吸嘘四野不辨上下疑神

龍螺至蛟螭群從俄而風起谷應猿虎競嘯從者皆怖客曰有是哉山靈之娛吾遊也余曰不然是山靈之幻奇逞態以壯吾遊也且夫宇宙之大也變化無窮而吾之不變也自在鼠肝乎蟲臂乎何適而不可且混沌之鑿也久矣兹辰也將遂返於初乎吾且駕六氣御豊隆摶羊角而逍遥乎入極是區區者又胡以動揺吾中邪頃之雲乍開已又合如是者數四忽復爽朗遂循舊徑而下日方午農者就饁矣是遊也攬山川之勝窮雲門之奇既夜而寐猶恍恍然如在會稽之上烟霧之中也詰旦爲記勒之石留雲門方丈中

刻石山在縣西南五十里一名鵝鼻自諸暨入會稽此山爲最高以始皇刻石在其上故名姚令威叢語嘗上會稽東山自秦望行小徑至一山俗名鵝鼻山頂有石如屋插碑其中文皆爲風土所剝隱約就碑可見闕畫如禹廟没字碑之類不知此石果岑石歟非始皇之

力不能插於石中此山險絕罕有至也山上有洞日風洞遇陰雨聞鼓樂聲郡志鵝鼻山石屋故在碑不存（晉王彪之詩）隆山嵯峩崇巒崔嵬旁覩滄洲仰拂元霄文命遠會風淳道邈秦皇遐巡邁茲英豪宅靈卷阿銘跡峻嶠（陸游詩）街頭旋買雙芒屩作意登山殊不惡蒼崖無蹊竹邊逸崩石欲墮松根絡憑高開豁快送目歷險崎嶇危着脚川雲忽起雨蛟舞瀑水高吹萬珠落大巖空硿誰所劖絕壁峭立端疑削坡平或可容百人峽束僅容飛一隺虵蹊岌岌頭目眩鬼谷慘慘神先愕秦皇馬跡散莓苔如鐫非鐫鑿非鑿殘碑不禁野火燎造物之報焚書虐人民城郭俱已非烟海浮天獨如昨

望秦山在縣東南三十二里與秦望山相接稍北始皇登之以望秦中者也一名天柱峯一名卓筆峯（王十朋風俗賦云）陟秦望而望秦兮（林景熙詩）誰卓孤峯紫翠巔流泉一派到宮前却憐千尺擎天柱不在東南半壁天（劉基游深居精舍記）深居

精舍者雲門廣孝寺上人浮休公退居室也上人有文行賢士大夫無不與交深居去雲門十里而羸初入溪口有奇石拔起沙水中狀如折桂其下者如伏獸其名曰釣臺其石罅皆有樹自釣臺泝谿入谿色湛碧兩岸皆秔稻風過之其香菲菲然有二山鼎足列狀如三獅子九墩錯其間爲九毬深居在三獅子中其背山曰柯公之山山上有潭潭中龜白色有龍恒出作雲雨歲旱禱輒應其右山曰化鹿之山亦曰鹿頭相傳葛稚川既化爲仙有木几亦化爲鹿在此山其外山曰秦望其左山曰木禾木禾視群山爲最高其前山曰鵝鼻之峯其高與木禾等峯頂上石突起望之如鵝鼻大海在鵝鼻東北其上云有秦時碑今亾之矣鵝鼻北下小山曰望秦望秦在秦望北又北曰天柱曰玉笥又東北爲陽明之山是爲禹穴其下維湖予既至深居與浮休公語極相得又愛其有美木佳水石花竹且靜僻無妄人跡雖隆暑不汗因留八日出既出而心恒思（劉基若耶溪杏郭深居精舍詩）

上人好山居入山惟恐淺紆餘淢淵泓結構依巇嶐岡巒外挺板水木終隱顯其前對鵝鼻突兀正冠冕其旁連木禾積翠森偃蹇後有獅子岩嶜崒露巉巉春花炫陽林秋艸馥陰畝高通雲雨過側見星斗轉桃源不遠求箕潁安足踐我來三伏京羈懷忽如展談經道心融聽法俗慮剪疎窓夜深敵孤月掛遙覘空濛白毫光閃鑠動崖巘何當此卜隣永用辭洪湎

雲門山在縣南三十里秦望南晉義熙二年中書令王獻之居此有五色雲見詔建雲門寺後析爲六曰廣孝曰顯聖曰雍熙曰普濟曰明覺今有雲門寺廣孝寺詳見祠祀志下唐杜甫詩若耶溪雲門寺青鞋布襪從此始○旁有好泉亭松花壇麗句亭今皆不存梁釋洪偃詩杖策步前嶺褰裳出外扉輕羅轉蒙密幽徑復紆圍松高枝影細山靜鳥聲稀石苔時滑屨蟲網乍粘衣澗旁紫芝燦巖上白雲飛杉梓排檐出鴉鵲逐雲歸寄谷無往還攀桂獨依依唐王

勃脩禊雲門獻之山亭叙觀夫天下四海以宇宙爲城池人生百年用林泉爲窟宅雖朝野殊致出處異途莫不擁冠蓋於烟霞披薜蘿于山水況乎山陰舊地王逸少之池亭永興新郊許元度之風月琴堂寥落猶停隱遁之賓醲渚荒凉尚有適逢之客仙舟蕩漾若海上之槎來羽蓋參差似遼東之鶴起或昂昂騁驥或泛泛飛鳧俱安名利之場各得逍遥之地而上屬無爲之化下棲元邈之風永淳二年暮春三月脩禊事於獻之山亭也遲遲風景出没媚於郊原片片仙雲遠近生於林薄襍花將發非止桃溪遲鳥亂飛有餘鸎谷王孫春艸處處皆青仲統芳園家家並翠於是携旨酒列芳筵先祓禊于長洲却申文而促席良談吐玉長江與斜溪爭流清歌遶梁白雲將紅塵並落他鄉易感且悽恨於茲辰羈客何情更歡娛於此日加以今之視昔已非昔日之歡後之視今豈復今時之會人之情也能不感乎宜題姓字以傾懷抱使夫會稽竹箭或推我於東南崑阜琳琅亦歸余於西

北(崔顥詩五首)輕舟去何疾已到雲林境起坐魚
鳥間動搖山水影巖中響自答溪裡言爾靜事事
令人幽停橈向餘景(又)落日山水清亂流鳴淙淙
舊蒲雨抽節新花水對窓溪中日沒時歸鳥多爲
雙(又)杉松引直路出谷臨前湖洲渚晚色靜又觀
花與蒲(又)入溪復登嶺艸淺寒流速圓月明高峯
春山因獨宿松陰澄初夜曙色分遠目日出城南
隅青青媚川陸(又)亂花覆東郭碧氣銷長林四郊
一清影千里歸寸心前瞻王程促却戀雲門深畢
覽有餘興到家彈玉琴(張渭詩)共許尋雞足誰能
惜馬蹄長空淨雲雨斜日半雲霓簷下千峯轉窓
前萬木低看花尋徑遠聽鳥入林迷地與喧譁隔
人將物我齊不知樵客意何事武陵溪(王維宿雲
門上方道一上人院詩)一公栖太白高頂出雲烟
梵流諸洞徧花雨一峯偏跡爲無心隱名因立教
傳鳥來還語法客去更安禪晝涉松蹊盡暮投蘭
若邊洞房隱深竹靜夜聞遙泉向是雲霞裡今成
枕簟前豈惟暫留宿服坐將窮年(劉長卿上巳日

與鮑侍御汎若耶遊雲門詩闌橈漫轉傍汀沙應接雲峯到若耶舊浦滿來移渡口垂楊深處有人家永和春色千年在曲水鄉心萬里賒更見漁舟時借問前村幾路在烟霞（宋錢惟演詩）精舍依巖巘香林結薜蘿崇臺含夕靄危閣架春波爭飯供蒲寡眞詮譯貝多幾時揮書錦松下駐鳴珂（范仲淹詩）一路入嵐堆還經禹鑿開林無惡鳥在巖有好泉來雲陣藏雷去山根到海廻莫辭登絕頂南望即天台（蘇舜卿詩）翠嶂環合封白雲中有蕭寺山爲隣老松偃蹇若傲世飛湍奔薄如避人蒼猿嘯斷夜月古丹花開落陽崖春盤桓幾日不忍去舟出耶溪猶慘神（陸游詩）蕭寺久不到偶來幽興長螘穿珠九曲蜂釀蜜千房雨過山橫翠霜新橘弄黃年衰道不進玷重一爐香（明劉基詩）平旦出雲門亭午至靈峯山盤澗縈紆谷深巖錯重竹露滴皎皎林霞散溶溶渡石苔蘚滑披蘿烟靄濃頗喜禾黍成可以慰老農野艸各有色照水似衒容徐行恐觸熱聊憩崖下松時聞幽鳥鳴亦足開心

胸慨懷陶隱居丹竈今無踪干將與莫邪俱已化
爲龍空餘遠山色菡萏青芙蓉（高啟詩）旅思曠然
釋置身蒼林杪群山爲誰來歷歷散清曉奇姿脫
露雨奮首爭欲矯氣通海烟長色帶州郭小曲凝
藏啼鶯横恐截歸鳥流暉互蕩激下有湖壑繞佳
處未遍經一覽心頗了秦皇遺跡泯晉士風流杳
願探金匱篇振袂翔塵表（唐之淳詩）昔在晉義熙
茲山有鄉雲問之何人居丞相中書君雲門詔所
錫塔廟日以蕃珠宮映璇題縹緲飛鴻騫長廊夾
修竹仰不見埃氛天樂六時作異香十里聞一緣
兵馬興烽火若雲屯嚮來五色物化作烈焰焚蕭
條紺園夕零落碧艸根山僧或哀號識者興嘆言
巖巖此名山上與星辰連宫墻被其臙丹青流其
顔人事幾茂摧滅蒼翠終古存山川有至性外物奚
足論（汪應軫詩）不到雲門路曾爲越上人千年夢
青嶂萬里脫紅塵山鳥如迎客林花欲駐春登高
有餘興了敬亭相隣（陶望齡泛若耶至雲門寺詩）
兩岸十里蒼筤根中藏一溪雲月髓嫩粉生香筍

出林老枝壓地花成米溪上老翁撑竹船摘米炊

枯弄清泚月下何人見往來惟有山猿同臥起（又）

結葉垂花老檻臥四山無風午剛蹉跛花蔭葉橋

畔涼葛縵僧衣安穩坐田家初飽麥上塲溪雨新

過水推磨林間起步餘聽清青梅滿架雀卵大（又）

五雲山前盤古樹曾見前朝老謝數六寺鐘聲何

處盡殘僧惟有粥呼魚鼓天已過麥地瘦一飯山

厨鮭菜無青鞋布襪客何意攜木榻榻來蔬蔬（劉

基遊雲門記）語東南山水之美者莫不曰會稽豈

其他無山水哉多於山則深沉杳絕使人憯悽而

寂寥多於水則曠漾浩瀚使人望洋而靡漫獨會

稽爲得其中雖有層巒複岡而無梯磴攀陟之勞

大湖長谿而無激衝漂覆之虞於是適意者莫不

樂往而余宿聞會稽有雲門若耶之勝思一遊而

不可得甲午之歲始至越以事不得遊明年春乃

與天台朱伯言東平李子庚會稽富好禮開元寺

僧偕往遊則知所謂雲門若耶果不謬於所聞於

是慨然有留連徘徊之意而以事復止不能如其

顧遂自廣孝寺度嶺至法華山而歸于普濟明覺諸寺名山古迹多不得一寓目而余之興終未已也其年六月乃復與靈峯奎上人往頗得觀所未歷而向時同遊之人皆不在焉予每怪古人於歎會之際輙興悲感艮非過矣昔唐柳先生謫居嶺外日與賓客爲山水之遊凡其所至一丘一壑莫不有記夫嶺外黄茆苦竹之地有一可取猶必表而出之而况於雲門若耶以山水名於天下者哉

何山在縣東南四十七里與雲門山相接南宋何胤所居王龜齡詩中謂秦刻石在其上詳見古蹟何胤宅下

宋梁安老送古碑與王十朋詩　公生傳物好奇古勸我搜求秦望碑我來稽陰已三年夢寐絕頂雲俱馳是非近代問父老鼻祖以來猶不知或云其山多虎狼淵湫鱄井蟠蛟螭魍魎水客忌人到陰霾賊霧迷羊岐樵夫懸磴懼失勢一落千丈誰能知吾意如此鍾乳穴民昔畏擾相譸欺曩時山東之界石嚙硎入海無津涯固知秦人遊戲餘非

民之利寧一時暇日登臨雲門寺僧曰若耶溪上奇山曰何山勢最峻丹鶴夜宿天孫枝南望天台西錢塘下視峯岫如群兒李斯篆書眞刻本昔人避亂此見之裹糧遂偕墨士往攀崖貫木如鹿麋舉酒酹觴山之神千古呵護煩神司銷鑠僅存三尺許龜趺就鑿山石爲劍昔剔蘚隨手剝蝕節背角摧霜皮老龍脫甲蛇解蛻鋪紙拭墨漫披離收藏入袖恍若失遐想往昔還嗟咨我聞太古功德盛鋪寫不盡乾坤儀詩書紙上自不朽金石還有磨滅期秦皇不慕仁義業虛譏堯舜猶瑕疵焚書欲蓋前代美寧聞伏生傳有頤後人不慶丞相書歌頌雖在多浮詞惜哉此紙無一畫欲記傳示人應嗤他年好事繼追訪姑願首尾觀吾詩　王十朋

次梁韻詩幷叙　會稽秦頌德碑丞相李斯篆在秦望山世莫知所在教授莫君好奇嗜古搜訪尤力有言碑在何山者莫以語其何山見圖經在秦望東南疑其眞秦望也其欣然欲往職有所拘以告會稽尉梁君梁慨然而行登山果見之碑石僅存

字磨滅已盡畧片紙而還作古風長韻具記始末因次其韻且記吾三人好事之癖以示後人也姬嬴遺跡存者稀世傳石鼓稽山碑石鼓揄揚得韓子文與二雅爭驅馳秦碑夸大頌功德埋没艸莽無人知或言山頂石猶存上有虎豹龍蛇螭神藏鬼護荆棘蔽崖懸磴絶登無岐廣文好奇探禹穴梅山好事尋僧支我贊其行要親覩勿受世俗流傳欺望秦秦望兩嶄絶何山壁立東南涯豊碑屹植最高處不知磨滅從何時剔苔掃墨了無有模糊片紙亦足奇濃雲靄霧暗將雨古木槎牙蟠老枝歸來走筆出險語詞政此斯同小兒詩成得得寫寄我辭嚴意偉法退之我聞秦人滅六國酷若犬噬臨江麋先王法爲秦所負負秦況有秦有司五經灰飛儒濺血堯舜周孔何能爲上蔡獵師劾小篆下視俗體徒肥皮東封泰山南入越大書深刻光陸離沙丘風腥人事變鬼饑族亦誅嗟咨漢典萬事一掃去惟有篆刻餘刑儀摩崖歟作不朽計其如歷數不及期豈尤五兵總漆器人物美惡

竊附泚我雖過秦愛遺畫南山入望頻支頤不須嶧陽訪棗刻不用遷史觀雄辭虛堂默坐對此紙閉眼惜想君勿嗤要知秦碑没字本却類周頌無辭詩

刺浛山在雲門山南一名明覺山山不甚高登其巔則見雲門陶晏諸山林列其下陰壁兀立盛夏爽然如秋其名明覺者蓋明覺寺基也山頂有池大旱不涸

若耶山在縣南四十四里下有采蓮田東又有若耶嶺下復有潭潭上有葛仙石舊經葛元學道於此元既仙去所隱白桐几化白鹿三足其行兩頭各更食晉謝敷宋何胤亦居此山亂時山發洪水樹石漂拔其室獨存釋洪偃詩蕭蕭物色晚肅肅天氣清旅人聊策杖登高傷客情川原多舊迹墟里感新名宿烟浮始旦朝日照初晴遠行乏徒侶徐步寡逢迎信美非吾托賞心何易并

〔赤菫山〕在縣東三十里會稽山東南〔舊經〕歐冶子爲越王鑄劍之所一名鑄滴山〔越絶書〕赤菫之山破而出錫赤名錫浦山〔張景陽七命〕耶溪之鋌赤山之精赤山郎此旁有井歐冶子取水以淬劍曰歐冶井有洞曰玉洞

〔白鶴山〕在縣南一十五里會稽山東樵風涇下一名蕭羽山山側有石室砥平可容數十人〔孔靈會稽記〕射的山西南有白鶴山北鶴嘗爲仙人取箭漢鄭弘嘗得遺箭於此

〔射的山〕在縣南十五里與白鶴山相連〔舊經〕山西有石室類獅一名獅子巖仙人射堂也東峯壁上有白點如射侯土人常以占穀貴賤語曰射的白米斛百射的黑米斛千〔唐李白送人遊越詩〕仙人遊射的道士住山陰

石旗山與射的山相連形如張旗故名旁有石室砥平可容數十人宋建炎中士夫避地於此

石人山在縣東南二十五里

石帆山在縣東十五里射的山北石壁高數十丈中央少紆狀如張帆十道志山遙望如張帆臨水下有文石其狀如鷁曰石鷁宋之問詩石帆來海上天鏡出湖中王十朋風俗賦石帆如揚石鷁如翔宋謝靈運詩舟息陸途初檝鼓川路始連漪繁波漾參差疊峯峙蕭疎野趣生逶迤白雲起登臨苦跋涉睎盼樂心耳即翫翫有竭在興興無已酈道元注山東北有孤石高二十餘丈橫八丈望之如帆因以爲名北臨大湖水深不測何次道作郡嘗於此水中得烏賊魚南對精廬上蔭脩木下瞰寒泉西連稽山皆一山也東帶若耶溪溪水上承嶕峴麻谿谿之

下孤潭周數畝甚清深孤石臨潭垂崖俯視蓧荻驚心寒木被潭森沈駭觀

葛山在縣東一十里射的山北（越絶書）句踐種葛以為布獻吳王採葛者歌曰嘗膽不苦味若飴令我採葛以作絲女工織兮不敢遲弱於羅兮輕霏霏號絺素兮將獻之

鹿池山在縣東南八里會稽山東北嘗有白鹿故名一云越王養鹿於此下有飲水池俗呼鹿墅山

香山在鹿池山東俗傳木犀繁華故名

桐浦山在縣東南二十四里香山東（舊經）郎湖南龍尾山西南之趾今呼曰桐塢（明蕭鳴鳳詩二首洞浦春光定發分雙梅開過次芳尊瀾溪拍棹波新漲花雨滿

衣嬰正温塵世似嫌青眼窄好懷難與薄夫論乾坤如此不行樂辜負先生獨閉門又路轉危屏众翠微新亭上與白雲齊半山梅雨催芒屦十里松風泌葛衣忪裡身心成悵快靜中圓化自推移主人已解躋攀意爲挈壺鷓聽鳥啼

龍尾山在洞浦山東南以形如龍尾故名又名楊梅山

下阜山在縣東三十里洞浦山南

寶山在縣東南二十五里下阜山東一名上阜山宋南渡梓宫攢於此山旁有白鹿尖新婦尖鷄籠山五峯湯[illegible]諸山相拱衛

紫雲山在縣東南五十里寶山南舊經昔有游龍憩於此山常見紫雲故名

姥山在縣東南十五里山南二里又名姥嶺

白鹿山在縣東南二十九里犬亭山之南

大白山在縣東南七里

小白山在縣東南八里

富盛山在縣東四十里寶山之東

鳳凰山在縣東南四十里寶山東山形肖鳳上有烏石將軍廟

錫山在縣東五十里寶山旁舊經越王採錫於此

跳山在縣東南三十五里富盛山北俗傳錢鏐微時販鹽遇官兵跳躲此山石壁書大吉二字

橫山在縣東三十四里跳山北俗所稱者有小橫山大橫山（舊經）山有艸莖赤葉青人死覆之輒活

銀山在縣東五十里橫山東無艸木產銀砂舊有禁毋得擅開而居人往往聚衆盜發之不惟礦氣所攻田禾盡槁而起爭召亂實由於此宜嚴爲之禁庶可弭盜安民矣

北山與銀山連其頂有穴可容二十餘人

雞山在縣東南六十里康家湖北（越絕書）又云在錫山之南句踐畜雞於此時將伐吳用以享士也

雀鳴山在縣東南五十七里雞山南（郡志）山上時有鶴鳴故名

東化山一名將軍山

西化山一名筆峯旁有龜鶴二山與東化相接在雲門上

龍惠山在縣東南七十里傖塘埠上有龍王祠禱雨池

諸葛山在縣東南六十里以諸葛洪嘗棲於此故名山高數千仞周亘五十里懸流百餘丈下射石白如雷其麓有諸道人屋舍基有丹井有仙人石其象如鏤旁有鷹嘴巖高數十丈巖上爲群鷹窠焉攫狐兎委諸中人往往拾其墮者右有龍池可禱雨

黄龍山在諸葛山之半有寺曰延安亦有葛仙丹井在寺殿之後

閣老山在諸葛山東左觀如屏右視如筆九井在其下

靜林山在諸葛山西南上有龍潭祈雨輒應

銅牛山在縣東南五十八里靜林山西即越王鑄冶處舊經

常有銅牛見於靈氾橋人逐之
奔入此山掘地視之即銅骨也

舜哥山在縣東南四十里銅牛山西一名筆架山俗傳大舜遊憇於此殆謾耳高可十里餘上有水田可稻緇黄之流往往茨其上

太平山在縣東南七十八里舜哥山東南晉謝敷隱居於此晉孫綽銘巍峩太平峻踰華霍秀嶺樊縕奇峯挺崿上干翠霞下籠丹壑有士冥遊默往寄託肅形若林映心幽漠亦既覯止渙焉融滯懸棟翠微飛宇雲際重巒蹇産廻溪縈帶被以青松灑以素瀨流風佇芳
翔雲停靄

西湖山在縣東南二十二里西湖之旁其山甚幽邃可觀

天荒山在縣東南八十里下爲駐蹕嶺山不生艸木故名

石隴山在縣東南百十里天柱山東多松楮木

儲山在縣東南一百四十里風土記越王供儲在此又云張驁種田立廥倉於此山故名俗稱粟山

㠓山在縣東七十里下臨舜江與上虞接壤山高銳如削其巔有洞廣八尺深十餘丈清絕可愛一名嵩尖舊經漢駱夫人學道于此昇仙有石室石井丹竈

豐山在縣東北六十二里㠓山西北臨曹娥江錢王鏐破劉漢宏將朱褒於曹娥進屯豐山褒等降于此

稱山在縣東北六十里豐山西北北環大海舊經越王

稱炭鑄劍于此俗呼稱心山（明）章弘仁九日往遊詩）露冷風高鴈哭哀林深松暝鶴飛來攜壺並上翠微坐對景還憐黃菊開十里浮雲歸別島半江寒日射蓬臺謾誇落帽龍山興嘉節重逢也醉回

省山在縣南四十三里

鄭弘山在縣東南三十里弘仕後漢爲太尉山以弘得名

稷山在縣東五十里稱山南舊名稷山越王種菜于此後漢謝怡吾爲稷鄉嗇夫即此（越絕書）句踐齋戒壇也亦曰齋臺山十道志一名棕山

稽山在稷山東

幹山（舊經）山南有許詢宅（十道志）許詢宅側許公巖之南有落星石

陰山（舊經）秦始皇移在會稽山北有陰山之稱

瓜山在稷山西南

白塔山在瓜山側有寺及典善將軍廟

犬亭山在縣東南三十里寶山北舊經越絕書並云昔大獵南山白鹿欲以獻吳故曰犬山其亭爲犬亭歲久相沿呼爲狗山又曰吼山俗謂宋攢陵所在諸山皆拱此山獨否故名之曰吼取呼而相向義也陸游祖宅左丞佃以前墓俱在此好事者摭其景爲八題咏頗多曰犬亭雲石者緣此山盡白石爲工人所伐獨有孤存者一筝矗霄可數十丈亭亭如雲曰牛塚烟籬謂晉旦與陸佃同仕旦先死一夕夢旦來告巳得譴爲牛轉於錢塘次日側詣其處牛果淚下佃買歸豢則悵惘之巳而震死瘞之山旁又云是陸游事曰小徑沿螺者謂山之濱有巨石形似螺能遶山浮移舟至崇氏門其年輒有第者皆夜頻凝舟楫爲漁人撓之而定曰石洞側霞者洞

之北岸有小山曰曹家山舊亦伐石玲瓏若戶牖久藉木蔓之而積水成深潭移舟其中一洞天妙景也其他四景無實故不採○犬亭山頂有菴在于雲石之西其松竹鬱森旁有吼岩可望龍尾下皋諸山○犬亭山舊有皋宕陶氏書室〔袁弘道記〕吼山石壁悉由斧鑿成峭削百餘仍作見亦可觀山下石骨爲匠者搜去積水爲潭望之洞黑汗深不可測每相去數丈留石柱一以支之上作石蓋下爲深淵中有門闔洞穴窈窕迂迴雨後飛瀑綴簾而下余等自外探望興不可遏呼小舟遊其中潭深無所用篙每一轉折則震蕩數四舟人皆股慄因停舟石壁下觀玩良久乃上陶氏有山房在此頗稱幽奇然荒蕪甚軒前草深一丈餘矣○邑人徐胤定捐資改爲空明庵

曹山在縣南東三十里犬亭山之西有菴名護生菴菴後爲放生池總名水宕陶氏有書室三俱妍麗奪目中有樓一間小房四間松竹迴遶名曰石簣山房陶望

齡讀書處（張岱記）曹山石宕也鑿石者數什百指絕不作山水想鑿其堅者瑕則置之鑿其整者碎則置之鑿其厚者薄則置之日積月累瑕者墮則塊然阜也碎者裂則巋然峯也薄者穿則研然門也由是堅者日削而峭壁生焉整者日琢而廣廈出焉厚者日礫而危巒突焉不則苔蘚土則薜荔而蓊蔚興焉深則重淵淺則灘瀨而舟楫通焉低則樓臺高則亭榭而畫圖萃焉則是先之曹山爲人之所廢而人不能終廢之此其間有天焉人所不能主也昔邑中紳士游曹山或攜聲伎以至乃主是山者作山君檄曰爾綠竹污我其以檄荅者曰誰云鬼刻神鏤竟是殘山剩水主者曰此文人定案也遂以四字磨崖勒之吾想山爲人所殘殘其所不得不殘而復爲山水爲人所剩而剩其所不得不剩而剩還爲水山水崛強仍不失其故我若使此山如未鑿之先毫髮不動則亦村中一丘垤已耳棄之道旁人誰顧之又使此山十既鑿之後劖削都盡如笍簹諸山形跡不復存又誰顧之

故世有權殘之苦而反得權殘之力者曹山是也

箬簣山在縣東一十二里洞浦山西北〔舊經〕秦皇東游于此供芻艸倚呼蓮門山巔有小庵數間群峯環峙諸水遶流蓺竹種茶幽清可玩山多堅石取用甚廣

少微山在縣東一十二里箬簣山北〔宋〕職方郎齊唐深居處也山與會稽山相望小而幽致唐因名其山曰少微嘗自為詩云直當山面開三徑平截波心種綠楊有郎官巖〔宋〕楊瓚詩碧玉莫遮千嶂石黃金難買一溪雲謁鐘此地徒誇盛爭似松風覓夕聞

土城山在縣東六里少微山西北越王作土城以貯西施故亦名西施山今五雲門外皆曰土城村西施里〔吳越春秋〕越王使相者求美人得之苧蘿山鬻薪之女鄭旦飾以羅縠教以行步習于土城教于都巷三年學服而獻吳王〔徐渭記〕土城盍句踐作宮其間所

以教西施鄭旦而用以獻吳又曰恐女樸鄙故令近大道則當其時此地固鉅麗要津耶更數千年王者不可問矣而山高不過數仞叢灌跦篁亦鮮澄可悅上有臺臺東有亭西有書舍數礎舍後有池以荷東外折斷水以菱而亭之前則仍其舊曰脂粉塘無所收出東南西而山者聳秀不可悉悉名山也遶其舍而畝者水者不可以日盡以佃以漁以桑者盡畝與水無不然嗟夫土城一山耳始以粉黛謌舞之宮當美麗傾都之孔道今且變而遷之一旦冢冢然爲墟落田夫野老徘徊耕釣於其間或拾其墮釵于鋤掘逆于陰晦往往詫野火轉燐于其夜兒童感而嘘野人有聚而談者矣至其易冶以樸易優伎以農桑則有識者未嘗不悠其悲而爲之一笑也陶望齡詩西施作入吳宮裏承恩日日飄羅綺忽見飛塵入舞樓空悲覇業隨流水吳王宮中秋艸生姑蘇臺上秋風起臺上朝看麋鹿遊五湖莫逐鴟夷舟深閨那識風濤除長波淼淼徒含愁一去年年不復春若耶羞殺采

邐人嬌歌妙舞知何處玉貌花顔已作塵可憐東城一片石猶存西子下秋跡幽谷陰森瀟薜蘿哀風蕭颯搖松栢山中落花人跡少山頭落日聞啼鳥眼前不見越臺高誰人漫說吳宮沼碧波千頃春溶溶嶔崎石磴蒼苔封東鄰野人不解事州間指點尋芳蹤風流太守擅丘壑分金宴客恣歡樂孤亭結搆山之阿翠竹參差䕶虚閣揭來爽氣浮林塘坐久春陰散城郭壁上題詩雲瀟堂花前記酒月將落五月六月全無暑瀟池荷花嬌欲語臨池俯檻問斜陽何似當年浣紗女凉夜香飄桂樹秋洞門深鎖青松幽主人已往賓客散浮雲流水長悠悠漢廷廷尉休官早拂衣自愛林泉好蔣逕新從緣野開謝公未許青山老青山十里帶澄湖縱飲我亦高陽徒今年上書不得意黄埃赤日悲長途歸來山中但高枕秋風况復饒蓴鱸四野一望俱平蕪竹間鳴鳥遙相呼謂我不飲歲月徂夕陽渺渺長烟孤艇中酒熟何勞沽且復花前傾百壺昔年歌舞安歸乎何須更論越與吳但得山中

卜日飲絕勝東帶趨皇都（袁宏道詩）西施山一抔土不惜金作城貯此如花女越王跪進丞夫人親躡屐買歡傾城心教出迷天舞一舞金閶崩再舞蘇臺折越山作館娃舞袖猶嫌窄舞到夫差愁破時越兵潛度越來溪

平陽山在縣東南五十里相傳越州有陽明洞天在縣治東南世人莫知其處意必有幽嵒邃谷層巒疊巘庶幾名寔相稱耳故參攷先賢地記如化山平陽即古記相傳陽明洞天也蓋平陽距郡五十里而遙舟進石岐山遡若耶溪流千迴百折又進三十里而至橫山之下則釣臺見焉劉青田所謂一尖昂鎖不容鍼朱晦庵所謂石隴橫起形似雙象交鼻者是也又數里至平陽深處則見奇峯接天宛如芙蓉出水曲澗幽溪不無仙子桃花流水尚有秦人故爲昔賢所欣羨有如此者康熙四年弘覺禪師建寺于其中詳祠祀下

白馬山在縣治東北一里土漸毁削山石依然山之麓有白馬廟山下有書室

五雲山在縣治東二里雲山有五如霞流落池中故名小平霞碑記存焉

彭山在白馬山東舊經彭祖隱居之地也旁有助海侯廟

黃琢山下有華巖寺張岱記越城以外萬壑千巖屈指難盡城以內爲山者八曰臥龍戒珠龜山白馬彭山火珠鮑郎蛾眉而不知華巖前後尚有黃琢雲山則越城之山當爲十且黃雲大過蛾眉而俗稱巳久豈可於蘖沼下失之向年里中有築山曲池者亦稱第十山讓簷街亦有一土山戲呼之十一山他日於旁坎得一石有第十一山字按題則宋思陵筆也事有奇合若此然第十與第十一皆土山而黃雲則石山也土山可增减而石山不可漸滅則越城名山當是定案

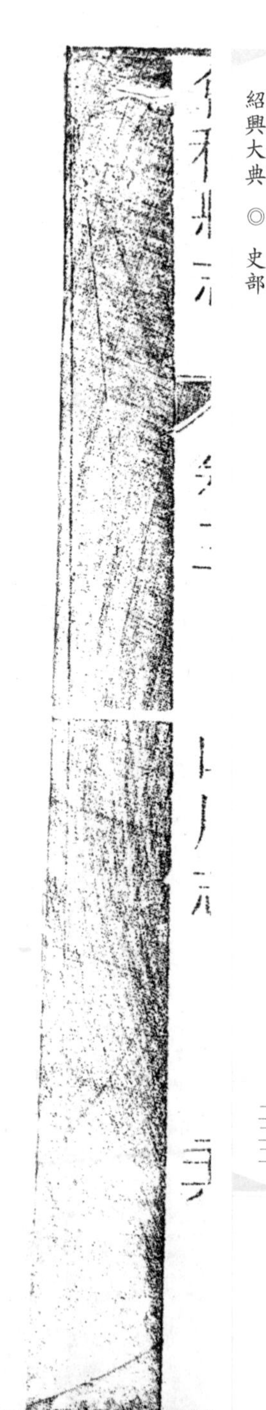

會稽縣志卷第四

山川志下

嶺　峯　塢　島　洞　逕　港　溪　川

浦　塘　潭　瀆　池　湖　河　江　海

嶺

憶家嶺在縣南十五里會稽山之東北麓過嶺有朱氏宜園書室多樹梅竹

覲嶺在會稽山因告成觀故名

皇莂嶺在宛委山

覆鬴嶺在秦望山下

駐日嶺在縣西南八十里刻石山南與諸暨縣界

分水嶺在駐日嶺東北

王顧嶺在縣東南六十里相傳宋高宗避金時過此嶺見山水之佳忽一回顧故云王顧

陶晏嶺在縣東南四十四里王顧嶺北舊經陶弘景隱居于此有巨石高數丈相傳昔爲侯公釣磯林景熙詩笑拂青蘿問隱君千巖秋色此平分當時宴坐無人識惟有清風共白雲

日鑄嶺在縣東南五十五里陶晏嶺北地產茶最佳歐陽脩

歸田錄州茶盛于兩浙兩浙之品日鑄第一（黃氏青箱記）華初不云日鑄山巖天真清冽有類龍焙昔歐冶子鑄五劍采金銅之精于山下時溪涸而無雲千載之遠佳氣不泄蒸于艸芽發爲英華淳味幽香爲人資養也（王十朋風俗賦）日鑄雪芽又晏殊有詩見惠泉下（蕭昱詩）旭日高峯散紫烟嶙峋長劒勢參天晴光露氣如秋水何似當年出匣看（獨孤及詩）冶工鑄劍今已遠此日空餘日鑄山邪古尚傳三鑑在清遊曾有幾人閑天廻鳥道蟠窮壁地接銀河帶淺灣夜夜禪牀聽斗氣五精何日更飛還（陶望齡詩）十年聞勝地及見過于聞蘿葉漱泉眠松身上石筋狖分朝暮菓洞老古今雲舊寺千盤裹僧田薄可耘（又）林愛一枝鳥盆游千里魚蓋頭茅幾把可愛野人居（又）朱門不肯顧日望高天霞鹿性常思草蠭房只課花糞畦收豆稭開地種脂麻漸覓農桑理傳書王老家

太平嶺在日鑄嶺西南太平山

駐蹕嶺在縣東南八十里日鑄嶺南鸕鷀峯下舊傳宋高宗避金幸台溫駐蹕于此故名上有菴曰天華頗深雅

杉木嶺在縣南一百五十里舊與嵊縣界今入嵊

蒲萄嶺在縣東南一百二里駐蹕嶺東北石𪩘山

干山嶺在縣東南四十里日鑄嶺東南靜林山唐方干嘗隱于此故名

五峯嶺在日鑄嶺東北五峯如蓮花

湯浦嶺在縣東南百一十里

龍池嶺在東小江右中有龍王廟及龍池

望湖嶺在倉塘

梅湖嶺在縣東南九十里

珠湖嶺在縣東南百一十里

䟺嶺在瓜山側

腰軟嶺在諸葛山北

石屑嶺在諸葛山東

百仙嶺在上竈

峯

石傘峯會稽山之别峯峯下有范蠡養魚池唐顧況銘亭亭石傘有物有名若蓋如傾如芝

一莖石傘山東山銜日宮石傘山西山銜月宮南巒北阜首出屹雄（元趙孟頫詩）功名自古是危機誰似先生早拂衣好向五湖尋一舸霜黄木落雁初飛

（義峯）在縣東六十里稷山之東南峯頂有黑白二龍池土人下此建祠祈雨輙應嘗有龍現其上峯下有石名鳳凰巢

塢

（尚書塢）在縣東南三十里（寰宇記）孔稚圭山園也

（焦塢）在平水上

澹竹塢在縣東南六十里諸葛山左山圍折如城隅嘗產瑞竹

巔峯拔起數百丈其尖如斛故名石斛尖

島

方干島在會稽山東北麓俗呼寒山唐方干別墅也（唐李山甫詩）交交戛戛水禽聲露洗松陰滿院清溪畔印沙多鶴跡檻前題竹有僧名問人遠岫千重意對客閒雲一片清蚤晚塵埃得休去且將書劍事先生（鄭谷詩）野岫分開徑漁家並掩扉（徐天祐詩）平生心事白鷗知一卷雲菴處士詩占得鏡中奇絕處祇緣身值廣明時（干自爲詩）寒山壓鏡心此處是家林梁燕窺春醉巖猿學夜吟雲連平地起月向白波沉猶自聞鐘角棲身可在深（又）世人如不容吾自縱天慵落葉憑風掃香秔倩水舂花朝連郭霧雪夜隔湖鐘身外能無事頭宜白此峯（又）日與村家事漸同燒松煖茗學隣翁池塘月撼芙容浪窗戶涼生薜荔風書幌晝昏嵐氣裏巢枝夜折雪聲中山陰釣叟無知己窺鏡尋多鬢欲空（又）鼓棹亦吟行亦醉卧吟行醉更何營貧來猶有故琴在老去不過

新髮生山鳥踏枝紅果落家童引釣白魚驚潛夫自有孤雲侶可要王侯知姓名

洞

陽明洞 洞是一巨石中有罅在會稽山龍瑞宮旁〈舊經〉三十六洞天之第十一洞天也〈龜山白玉上經〉會稽山週廻三百五十里名陽明洞天皆仙聖天人都會之所據此則陽明洞天不止龍瑞宮之一石矣唐觀察使元稹以春分日投金簡于此詩曰偶因投秘簡聊得泛平湖其後王文成守仁爲刑部主事時以告歸結廬洞側默坐三年了悟心性今故址猶存其謫居龍場也嘗名其東洞曰小陽明洞天以寄思云〈白居易詩〉青陽行已半白日坐將徂越國強仍大稽城高且孤利饒鹽煑海名勝水澄湖牛斗天垂象台明地展圖瓌奇填市井佳麗溢闉闍句踐遺風霸西施舊俗姝船頭龍天矯橋脚獸睢盱鄉味珍蟚螁時鮮貴鷓鴣語言諸夏異衣服一方殊搗練蛾眉婢鳴榔姹角

江清歎伊洛，山翠勝荊巫，華表雙棲鶴，聯檣幾點烏，煙霞分渡口，雲樹接城隅，澗遠松如畫，洲平水似鋪，綠科肥早稻，紫筍接新蘆，暖踏泥中藕，香尋石上蒲，雨來萌漸達，雷後蟄全蘇，柳眼黃絲纇，花房蜂蠕珠，林風新竹折，野燒老桑枯，帶犇長枝蔓，錢穿短貫魚，暄和生野菜，卑濕長街蕪，女浣紗相伴，兒烹鯉一呼，山魈啼稚子，林狖掛山都，產業論蠶蟻，孳生計鴨雛，泉巖雪飄灑，苔壁錦漫糊，堰限舟航路，堤通車馬途，耶溪岸回合，禹廟徑盤紆，洞穴何因鑿，星槎誰與刳，石凹仙藥臼，峯峭佛香爐，去為投金簡，來因挈玉壺，貴仍招客宿，健未要人扶，聞望賢丞相，儀形美丈夫，前驅駐旌旆，偏坐列笙竽，刺史旟翻隼，尚書履曳鳧，學禪超後有，觀妙造虛無，髻裏傳僧寶，寰中得道樞，登樓詩八詠，置硯賦三都，捧髻羅將綺，趨蹌紫與朱，廟謀藏稷契，兵略貯孫吳，令下三軍整，風高四海趨，千家得慈母，六郡事嚴姑，重士過三哺，輕財抵一銖，送觥歌宛轉，嘲妓笑盧胡，佐飲時炮鱉，蠲酲數鱠鱸，醉鄉雖咫尺，樂事亦須臾。若不中賢聖，何由外智愚。伊予一生志，我爾百年軀。江上三千里，城中十二衢。出多無伴侶，歸只是妻孥。白首青山約，抽身去得無。（又）日日携壺坐釣磯，眼看門外軟紅飛。已無游騎尋芳事，却訪幽人入翠微。石磴欲青春雨足，酒壚初冷絮花稀。悠然自解登臨意，十里香風一棹歸。（徐天祐詩）何年靈石惜奔娥，洞穴雲深鎖碧蘿。巨木千章陰翳日，陽明時少晦時多。（施鈞詩）誰扁陽明巳洞天，瓊樓珠戶萬松寒。前山倩鶴收仙箭，古穴藏龍護法壇。欲對香爐分坐石，就開玉笥借書看。葛洪知我非凡子，來饋靈巖换骨丹。（元楊仲弘詩）憶昔神禹奠九州，玆山會計功始休。諸侯玉帛渺何許，但見萬水從東流。衣冠永閟陽明洞，夜聞鬼哭巖之幽。珠宮貝闕號龍堆，天造地設非人謀。槎枒怪樹凍不死，化作千丈蒼龍虬。丹洞呀然仙掌裂，翠峯巧矣蛾眉脩。梅梁飛去鐵鎖斷，往往雷雨生靈湫。軒轅鍊神極秘怪，海上笙鶴時相投。平生閉門讀史記，子長探穴先吾遊。明當挾子騎汗漫題詩更在最上頭不妨山水樂吾樂豈有饑溺憂民憂故家喬木尚可求有子有孫百世留卧横玉簫洸歸舟吹散江南萬斛愁（韓性詩）洞天深窅行客疑飈輪碧簡誰能稽倚松長嘯巖壑動放懷未必今人非石氣盤空散成霧檜子無風落青雨草間欲問葛龍壇薜荔鱗鱗絡銅虎（又）蕙艸雪消蜂蝶疑游子挈榼來何稽坐待山桃綴紅糝回首巳憐春事非清風成雲濕成霧洞天深沉栢花雨山深玉殿鎖蒼苔天上通明羅九虎（明劉棟詩）洞天昔曾到仙境合重過厭見霜前葉斜看屋角蘿兩山擁寒翠一水逺秋波地主歸來際青松老不磨

逕

逍遥逕在縣東六里　相傳潘逍遥所居

樵風逕在縣東南二十五里（舊經）漢鄭弘少時採薪得一遺箭頃之有

人覓箭問弘何所欲弘識其神人也答曰常患若耶溪載薪爲難願朝南風暮北風後果然遂號樵風涇水經鄭弘少以清節自期恒躬採伐用資糧膳每出入溪津嘗感神風送之憑舟自運無杖楫之勞村人貪藉風勢常依隨之劉長卿詩仙客曾因一箭贈樵風長到五雲關

青塘涇在縣東四十五里其東曰郭家洋濶百餘丈

傖塘涇在縣東六十里舊經昔傖楚共築此塘以水漑田故名

港

浪港在縣東南二十里樵風涇之北天無風亦時有浪故名港北循山徑有石甚巨頃歲里人開逕得石鑪鐵鈴疑爲仙人煉丹之所至今人呼爲聖女洞云

溪

平水溪在縣東南三十五里（鏡湖所受三十六源之水平水其一也水南有村市橋渡皆以平水名（韓性詩）小溪分綠遶平田隱隱遥林澹澹烟溪畔沙堤行不盡黄雲一道上青天（王思任詩）一溪千百曲暗雨送雲遲啼碧鳥不見落紅花自知篁孫迷竹譜石骨瘦山肌亂髮稀舟上溪人評阿誰）

照水溪在城東南三里（源出五雲鄉經縣界九十里西南入山陰）

若耶溪在縣東南二十五里（溪北流入鏡湖即西子採蓮歐冶鑄劍所（越絶書）若耶之溪涸而出銅（吳越春秋）若耶之溪深而莫測後漢劉寵為會稽太守去郡若耶父老人齎百錢相送因名劉寵溪唐徐季海嘗游歎曰曾子不居勝母之閭吾豈游若耶之溪遂改為五雲溪（唐許敬先詩）越水正逶迤豔陽三月時中有蟬娟子含怨望佳期鮮膚潤玉澤微盼動蛾眉解

佩遺中浦折芳懷所思彩色豈不重瑰豔難久滋一歌江南曲再使妾心悲（獨孤及詩）萬峯蒼翠色雙溪清淺流已符東山趣況值江南秋白露天地肅黃花門館幽山公惜美景肯爲芳尊留五馬照池塘繁絃催獻酬風前孟嘉帽乘興李膺舟騁望傲千古當歌遺四愁豈令永和人獨擅山陰遊（孟浩然詩）落景餘清暉輕橈弄清渚泓澄愛水物臨泛何容與白首垂釣翁新粧浣紗女相看未相識脉脉不得語（綦母潛詩二首）幽意無斷絕此去隨所偶好風吹行舟花落入溪口際夜轉西壑隔山望南斗潭烟飛溶溶林月低向後生事且瀰漫願伴持竿叟（又）同君此溪曲託勝在烟霞潭影竹裏動巖陰天際斜人言上皇代犬吠武陵家借問淹留意春風滿若耶（李白詩）若耶溪畔採蓮女笑隔荷花共人語日照新粧水底明風飄香袖空中舉岸上誰家游冶郎三三兩兩映垂楊紫騮嘶入落花去見此踟躕空斷腸（又越女詞二首）耶溪採蓮女見客棹歌回笑入荷花去佯羞不出來（又）鏡湖

水如月耶溪女似雪新粧蕩新波光景兩奇絕（孟浩然六言二首）舟泊有時再釣舟行不廢閒吟沿山寺寺花木枕水家家竹林（又）鴛鴦晝飛溪靜鴝鴿夜囀林深忽因風動花落起看波間月沉（劉長卿六言）晴川落日初低惆悵孤舟解携鳥去平蕪遠近日隨流水東西白雲千里萬里明月前溪後溪獨悵長沙謫去江潭春草萋萋（又）蘭橈漫轉傍汀沙應接雲峯到若耶舊浦瀟瀟來移渡口垂楊深處有人家永和春色千年在曲水鄉心萬里賒更見漁舟時借問前村幾路在烟霞（崔灝詩）輕舟去何疾已到雲林境起坐魚鳥閒動搖山水影巖中響自答溪裏言彌靜事事令人幽停橈向餘景（丘爲詩）結廬若耶裏左右若耶水無日不釣魚有時向城市溪中水流急渡口水流寬每得樵風便往來殊不難一川草長綠四時那得辨短褐衣妻兒餘糧及雞犬日暮鳥雀稀稚子呼牛歸住處無鄰里柴門獨掩扉（項斯詩）清溪繚繞出無窮兩岸桃花正好風恰是扁舟堪入處鴛鴦飛起急流中（宋

王安石詩若耶溪上踏莓苔興盡張帆載酒廻汀艸岸花渾不見青山無數逐人來（蘇軾詩）若耶溪上雲門寺賀監荷花空自開我恨今猶在泥滓勸君莫掉酒船回（謝景温詩）若耶溪出若耶山浪裏溶溶入醉開仙客曾因一箭贈樵風長到五雲關數峯蘸碧輕清外雙舸浮春上下間料得當年乘興子爲貪烟水宿前灣（釋契嵩詩）越水乘春泛船窻掩又開好山沿岸去驟雨落花來岸影樵人渡歌聲浣女回滄浪無限意日暮更悠哉（陸游詩）二首微官原不直鱸魚何况人間足畏途今日溪頭慰心處自尋白石養菖蒲（又）九月霜風吹客衣溪頭紅葉傍人飛村場酒薄何妨醉菰正堪烹蟹正肥（林景熙詩）晴峯無數蘸清流窈窕寒生六月秋百鍊不須歐冶劍沼吳人在採蓮舟（唐之淳詩）溪流百里長水急建瓴丸雨山夾其湄突兀類奔馬須臾止復引邐迤落平野時春新雨霽顔色甚妍雅輕飈動水木白石粲可把停舟赤堇山洗爵酹歐冶精靈竟何憑一劍莫可假路逢南來鵠意態

正瀟灑疑是古仙人偶非采薪者樵風尚飄搖劍
氣猶赤赭浩然千古懷于此一攄寫（戴冠和詩）
我聞若耶溪輕舟仰如尾往來疾于飛鄉俗尚車
馬溪中植蓮芰疊翠接平野時有採蓮女明妝靚
而雅船頭茜裙新畫槳手自把岸上誰家郎三五
日遊冶馬上一回顧顏色不少假高歌去不顧手
神自清灑昔聞此溪女嘗有孝親者欲問不可即
落日波心赭千金買畫圖誰當一摹寫（許贊詩）三
月若耶行曉濱刺桐花落綠蘋新採蓮不見紅粧
豔鑄劍應多紫氣神天姥送青烟水寺越禽啼晚
野堂春停棹試問桃花洞安得靈峯送過津（王稱
登詩）一曲清溪一曲歌風流其奈昔人何暮山非
雪看皆白流水如琴聽亦多謝墅無棊那可賭蘭
亭有酒且相過盤飧莫笑茅容饌明日書成好換
鵞（徐渭詩）夜影疊中流進舟篁竹浦鳴雨來斷雷
山雲濕可譜及岸沿黑堤攫猪復愁虎燎衣得緇
徒怖餘澁言語芋爐聊炙衣一笑賴尊俎（王思任
詩）沿溪輕棹去不盡是灣灣伴鶴涼風遠扁舟紅

葉間露香來暗竹碧影下秋

山明月無多重勞君并載還

寒溪在縣東南三十里以其水極清冷故名源出日鑄嶺

上竈溪在縣東南二十里知府南大吉濬疏沿溪之田遂獲沈弘道紀其木末云蓋蕺峯之瀑交注于上竈之川既瀉而爲石堰又瀉而環禹穴其濵則皆稼穡之地又其濵則皆荒阻崖壑薪蒭老樹叢篁交蔭之境故歐冶以之而淬劍鄭弘以之而泛艇不有秀川何以來此佳客哉然而龍蛇變穴水脉肆妖沙塞岸圮已不可殫記歲月矣故舟檝莫通而行人悉勞桔槔無功而農人載病正德間耆民趙澄聞于上許其濬也獨有司者不能爲民隱憂矧輟不爲嘉靖三載太守南瑞泉公周覽而嘆曰越川病涸矣吾何惜此區區不一拯救耶乃浚城河浚運渠浚堰浚浦遂濬我川首尾二百餘里勤勞甚矣方我川未濬也司寇韓公封君汪公暨予咸白于郡南侯方

命楊判簿陳河治民力役諭之人或告我曰人罷勞好逸今請斯役民怨汝詈汝且增侯謗矣予應之曰天下未有不順人情而能成事者亦未有暫拂人情而能立事者顧在順其公而拂其私所順者大而所拂者小也太守之所見艮在是也役畢川通民果豁然快矣石帆之間獨橋危未治民辭懷氏願請載石新之太守曰汝梁是川汝陰德也懷遂欣然召匠礲石橋遂翼峙于覽川功之既畢懼其後將復湮塞焉乃請立累年脩理之規且勒石垂之經久嗚呼脩川者其尚公厥心殫厥力無虛動鍬鍤竭汗血也歌曰川溶溶兮竊之間起孔湖兮帶石帆陽明圻兮洞旁啓若耶通兮白蓮寒仙風廻兮樵舟急酒甕峙兮玉槳乾遊水滔滔兮喟者希地虛秀兮人不來岸有芷兮畹有蘭懷佳人兮在高臺彼歐冶兮進劍術事吳主兮雜覇材眇生予兮寄一宅俯宇宙兮多感慨劫灰飛兮變海桑禹鑿竈兮津河荒津無梁兮河無航駕言行兮思之無方翔無登兮粒食缺不有拯兮蒼生易

將南侯南兮慈波揚垂千載兮懷不可忘按上竈之外更有中竈下竈相隔不數里世傳歐冶子鑄劍更此三竈而後成也

大舜溪出太平山以其地有舜廟故名

橫溪在陽湖之北源出靜林山別分一派曰廣陵溪

寨嶺溪在縣東南八十里源出寨嶺

川

沉釀川在若耶溪東十道志鄭弘舉送赴洛親友餞于此以錢投水依價量水飲之各醉而去一名沉釀埭

浦

鑄浦與若耶溪相接一名湯浦上有歐冶祠齊禰之云昔歐冶子鑄劍之所今爲里俗所祠祠像乃一婦人未知何所據〔唐之淳詩〕行至若耶溪恭聞湯浦名云昔歐冶子鑄劍此揚靈揚靈亦何爲二國方鬭爭虛中應地紀騰上合天經一鼓萬夫集百鍊象神憑蜿蜿五蛟龍出入風火生娟娟芙蓉花菡萏發其英吳光未克試風湖先震驚千秋事已遠山水有餘清決雲知紫電潛淚識青萍自若貫天螮蝀若照夜星綢繆類龜綬贔屓作蛟横世方混凡鑄神物豈甘寘

范洋浦在縣東南百餘里

炭浦在縣東六十里〔舊經〕句踐運炭于此〔吳越春秋〕吳封地百里於越東至炭瀆

鰻浦在縣東北四十里俗傳此浦多鰻故名先時與海通潮汐往來後淤積

成田築塘隔海東自稱山西至宋家漊接山陰界凡二十六里

纂風浦在縣東北七十五里

少微浦在少微山下

湯浦在縣東南九十里水出横溪入東小江

塘

鍊塘在縣東五十七里舊經越王鑄劍于此故名

夾塘俗傳漢太守馬臻所築夾鏡湖而爲塘又曰東隄即康家塘也

菁江石塘在縣東六十里俗稱石塘越絕書塘廣六十五步長一千三十五步宋淳熙九年令楊憲壘築加甃塘岸百餘里

百丈塘在曹娥廟之右北臨大江南爲運河明隆萬間遇風塘輒爲海潮衝敗客舟過者多覆溺有司脩築工費不可計迄無成天啓年間郡推官劉光斗詳看江勢屈曲用夫掘通可免塘患遂檄會稽縣典史率居民乘春水發時齊用畚鍤使江水直去舊塘變而爲地其患遂息

國朝居民墾地爲田放水入河塘漸壞矣秋潮發時將復爲大患也

潭

嫡耳潭在縣東十五里一作的耳今呼爲織女潭在董家堰西世傳董永自鬻葬父遇織女于此故名詳見董永墓下

碧波潭在縣東北二十里周圍數十餘里

白波潭在鏡湖東唐方干陪五大夫遊鏡湖詩白波潭上魚龍氣江樹林中雞犬聲

孤潭郎麻潭在若耶溪側潭深而清孤石聳出潭上有大櫟木謝靈運與惠連聯句刻于樹側唐人徵故事聯句云古寺思王令孤潭憶謝公

賀精潭在縣東南

射的潭在仙人石室下甚深叵測

鄭僕潭在縣東南三十里平水之南周圍可十畝餘

鹿迹潭在縣東南今雲門山南鹿里潭是也

白魚潭在日鑄嶺下其東南曰馬石潭以其中有石如馬故名

長潭在縣東南七十里北行復有潭曰石壁潭又北曰相公潭

龍潭在靜林山祈雨屢應

瀆

石瀆在縣東三十里田坂中有石突起故名

壇瀆在石瀆下

仁瀆在壇瀆旁

池

禹池在禹陵前唐賀知章乞湖爲放生池即名放生臨池有咸若亭明遠閣懷勤亭取宋高宗懷哉夏禹勤之句並廢今禹池之側有董氏書室

日月池 俗傳錢武肅王鏐有目疾故浚此二池月池在縣北日池今入縣治中

洗硯池 在縣治東北二里白馬山下 舊經 王右軍洗硯處今人指蕺山潰汙爲池非也 蕭昱詩 鳳翥龍蟠萬紙奇墨花堆積幾臨池只今雲影徘徊處猶見當年洗硯背

東大池 在東府坊通廣寧河 宋史 嘉定十七年理宗即位封父希瓐爲榮王以同母弟與芮襲封奉祀開府山陰蕺山之南曰福王府東大池則其臺沼也

浴龍池 在五雲門外

方干池 在縣東十里舊澄波坊 唐處士方干所居華安仁云雄飛門巷雖改故池未湮

鰻池在縣東二十里周圍數頃其岸北有社廟祀皋陶不知其始廟前有三古
栢意于歲物環一井故鄉人誤傳爲三百一井人
摧其二井亦枯于栢根之蝕里人謝鑾出資别
一井爲母所年旣甃其父于廟側以杖標紙輒活
今成茂樹鑾孝子也里人以玆樹不讓三栢云

湖

賀家湖即賀家池在縣東三十二里周圍四十七里南通鏡湖
北抵海塘旁有支港可以四達（袁宏道詩）昔聞八
百里今來八百畝爲問袁阿宏可如賀監否黃冠
吾願學其如多八口形體作僕隸禮法誠枷鈕幸
爾畧知識敎彈辭五斗强作舒眉詩學飲寬腸酒
所以不脫然爲身未我有恩愛毒其躬父母掣其
肘未免愧其人青山空矯首○旁有六兼園范給
事紹序讀書處
即宋趙王府莊

錢湖在縣東南一里俗呼觀音池

鏡湖在縣二里故南湖也一名長湖一名大湖（通典）東漢永和五年太守馬臻始築塘堤湖周三百里溉田九千餘頃湖兼屬山陰而其源則出五雲鄉也今廢湖爲田俗呼白塔洋爲鏡湖長一十五里此特其一處云（鄭善夫鏡湖記）鏡湖三百里者合西鑑東鑑而言之也後漢太守馬臻順帝永和五年爲太守于會稽山陰二縣界築塘周廻三百里以蓄水輿地志曰南湖在城南百許步東西二十里南北數里縈帶郊郭連屬峯岫白水翠崖互相映發君鑑君圖故王逸少云從山陰道上行如在鑑中遊湖水高平疇丈許築塘以防之開以洩之水適中而止故會稽無荒廢之田（李白詩）鏡湖三百里菡萏發荷花五月西施采人看隘若耶（孟浩然詩）始覽湖中物中流到底清不知鱸魚味但識鷗鳥情帆得樵風送春逢穀雨晴將探夏禹穴稍背越王城府掾有包子文章推

賀生滄浪醉後唱因予寄同聲（杜甫詩）越女天下白鑑湖五月涼剡溪蘊秀異欲罷不能忘（趙抃詩）春色湖光照錦衣岸花汀草自芳菲若耶溪上遊人樂舉棹狂歌半醉歸（秦觀詩）畫舫朱簾出繚墻天風吹到芰荷鄉水光入座杯盤瑩花氣侵人笑語香翡翠側身窺綠酒蜻蜓偸眼避紅粧葡萄力緩單衣怯始信湖中五月涼（王十朋詩）蒼蒼涼涼紅日生葱葱鬱鬱佳氣橫鏡湖春色三百里桃花水漲扁舟輕花間啼鳥傳春意聲落竹舟驚夢殘倚床兀坐心境清轉覺湖山有風味鑑中風味幾經春身在鑑中思故人禹跡茲茲千載後疏鑿功歸馬太守太守湖成坐見責後代風流屬狂客狂客不長家鑑湖惟有漁人至今得日暮東風送棹回花枝照眼入蓬萊回首湖山何處是欵乃聲中畫圖裏（陸游詩）千金不須買畫圖聽我長歌歌鑑湖湖山奇麗說不盡且復與子陳吾廬柳姑廟前魚作市道士莊畔菱爲租一灣畫橋出林薄兩岸紅蓼連菰蒲村南村北鴉陣黒舍東舍西楓葉赤

每當九月十月時放翁艇子無時出船頭一束書船尾一壺酒新釣紫鱖魚旋洗白蓮藕從渠貴人食萬錢放翁癡腹長便便暮歸稚子迎我笑遥指一抹西村烟（元陳孚詩）鏡湖八百里水光如鏡明偶尋古寺坐便有清風生天闊鴈一點山空猿數聲老僧作茗供笑下孤舟輕（李季和詩）賀家湖裏見秋風放翁宅前東復東兩行雲樹忽遠近十里荷花能白紅行人濯足銀河上越女梳頭青鏡中我欲張帆上南斗扶桑碧海與天通（明翁施龍詩）昨年曾過賀家湖今日烟波大半無惟有一天秋夜月不隨田畝入官租（劉基詩）若耶溪上雨聲來秦望山前霧不開欲渡鏡湖尋禹穴蒼藤翠木斷猿哀（錢宰詩）鏡湖白波木葉稀涼風蕭蕭入客衣季真賜宅已無主太白酒船空棹歸野色驚秋鴻鴈下水聲吹晚鯉魚飛此聯張翰吳中去雲鎖稽山失翠微（唐之淳詩）會稽山海邦地勢高下雜原田既犖确濤水復善嚙中有千萬頃浩蕩浴日月或云軒轅氏鑄鏡之所歲荒忽不敢知疇能究其

說嘗聞漢馬臻事與鄭白埒瀉鹵生稻粱溝塍畿區別餘波之所被艸木及薇蕨春秋鳧鴨亂舟楫漁樵悅川流亦何物稍與古先別魚梁競錐刀農畝見侵裂蛟龍尚無據況是魚與鼈今古非一人歲月如去蝶臨流何所懷賀公則明哲（戴冠次韻詩）晚過南湖上風急水嚙雜合舟登斷岸下有波濤嚙葉脫林影疎舉足踏秋月秉月過田家雞黍爲我設野老見客喜往事頗解說沼湖開自漢利與芳陂埒畜泄防歲澇一一有區別高低足禾黍山農厭薇蕨焦土成沃壤老稚日嬉悅世變日趨下風俗與古別豪傑事兼併水利竟分裂膏腴盡汚萊數罟窮魚鼈傳聞昔豐壤恍若一夢蝶茲湖不可復令人念先哲

回踊湖在縣東四里一作回踵（舊經）漢馬臻所築塘而灣回故名南史謝靈傳會稽東郭有回踊湖湖邊有田十畝爲義塚紹熙五年少監李大性提

舉浙東常平令縣尉特置此
郎渡東橋下之划船港也

西湖在縣東南二十二里一名浮湖周圍二頃餘源出西山清淺可愛舊
有西湖寺
在其旁

孔湖在縣東南四十里源出上竈流洋山

謝憩湖在縣東南八十里周圍三十餘里西曰康家湖周圍二十餘里二
湖相
通

泉湖在縣東南七十里周圍十餘畝下有二竅寒泉湧出最清天旱不涸成
化初郡守樹牌刻日期令近
地居民置閘放以溉田甚便

西樹湖在泉湖之東周圍一頃餘

湯湖在縣東南八十里周圍百餘畝

長湖在縣東南七十五里長二里許逶龍池嶺其東曰嬉白湖又東曰招福湖西北曰石浦湖北復有四湖曰丁家湖鷓鴣湖捨湖珠湖相近

舒屆湖在長湖西南逼蒲荀嶺下周圍四頃餘南有瀝上湖瀝下湖西北有白蕩湖洗馬湖東有范洋湖流俱從大舜溪源出日鑄駐蹕諸山

康家湖在縣東七十里傖塘埠

河

官河一名運河東自曹娥壩西入小江橋接山陰界南自蒿壩北抵海塘水道淤隘舟楫或阻

嘉靖四年知府南大吉濬之故老云河之在市其縱者自江橋至植利門其衡者自九節橋至清道

橋皆壅窄弗利于舟南公盡擬斥廬舍以廣河計所斥率六尺許眞郡中一大利也會罷官而止其後知縣張鑑稍濬學河因以爲士然民亦便之（王守仁記）越人以舟楫爲車馬濵河而廛者皆巨室也日規月築水道淤隘蓄泄既亡旱澇頻仍商旅日爭于塗至有鬬而死者矣南公乃決阻障復舊防去豪商之壅削勢家之侵失利之徒胥怨交謗從而謡之曰南守瞿瞿實破我廬瞿瞿南守使我奔走人曰吾守其厲民歟何其謗者之多也陽明子曰遲之吾未聞以佚道使民而或有怨之者也既而舟楫通利行旅歡呼絡繹是秋大旱江河龜拆越之人收穫輸載如常明年大水居民免于墊溺遠近稱忭又從而歌之曰相彼人兮昔揭以曳矣今歌以楫矣旱之熇矣微南侯兮吾其焦矣霪其彌月矣微南侯兮吾其魚鼈矣我輸我穫矣我遊我息矣長渠之活活兮維南侯之流澤矣人曰信哉陽明子之言未聞以佚道使民而或有怨之者也紀其事于石以昭來者（李本紀畧）會稽儒學

南北東界水水自植利門入北流經隆興橋東折爲南渠又自隆興橋北流過迎市橋東折爲北渠皆會于東雙橋北流入滂渠近市廛久不濬治北渠漸就淺隘僅通小舟南渠由儒學泮池至軍器局西則民間埭而爲池淤而爲圃東亦如之故道盡失嘉靖丙申歲諸生上復渠議于諸司咸報曰可而豪右各便其私人持一說或曰軍器局故福果廢寺地寺本北向臨北渠局之南門寺後址也今廢渠當由局西南折而東直接毛家漊以合北渠水于東雙橋之南觀毛家漊見存形迹似一故道也或曰當由局南東折而北直接丘家宅池以入北渠而復東流以合東雙橋南之水觀丘家宅池見存形迹似亦一故道也然自元以來埋沒已久故老無復能知的處故當時議者惟據局西有三池東有四池如貫珠然謂故道宜在此乃遂因七池之勢横貫珠局中而曲折以達于毛家漊議遂定而功則未興也會南充張侯鑑來尹吾邑乃得竣其事其師生某等屬予爲記予惟越水國也

故其俗以舟楫爲車馬行李之往來貨財之引致皆有賴焉然猶利之細者也自鑑湖既廢高下皆田下流雖有諸閘之防苐可因水勢以時蓄洩耳其上苟無溝渠河蕩以瀦之則歲旱無所取水防亦何益乎故善治越者當以濬河爲急宋郡守汪公綱復河渠之便利人稱其爲悠久之惠也時渭南南公大吉爲郡守復濬治之民有去思焉此其功豈特在舟楫之間哉

御河在縣南十五里自董家堰抵寶山以宋有攢陵故名

箪醪河在縣南源湖桑望由植利門入至鮑家橋東與府學泮水相接句踐師行之日有獻箪醪者投之上流與士卒共飲戰氣百倍今河中有泉雖旱未嘗涸

江

小舜江在縣東南九十里俗名東小江（郡志）源出浦陽東北流經湯浦以

天下江（唐陸羽詩）月色寒潮入剡溪青猿叫斷綠林西昔人已入東流去空見年年江草齊（皇甫冉詩）江上年年春艸津頭日日行人借問山陰遠近猶聞日暮鐘聲

曹娥江在縣東九十二里流自剡溪經縣界四十里北入海（會稽典錄）娥上虞人父盱漢安二年溺水求父尸不得娥亦自溺死江因娥得名也潮候與浙江相通按江源自剡溪來東折而北至曹娥廟前又北上虞志云至龍山下名舜江又西北折入于海潮汐之患亞于錢塘坍沙陷溺嘗爲民患諺曰鐵面曹娥王穉登客越志云微波鱗鱗一葦可航然土人有鐵面之謡當是其風浪時耳中流有落星石（唐蕭穎士越江秋曙詩）扁舟東路遠曉月下江濆瀲灔信潮上蒼茫孤嶼分林聲寒動葉水氣曙連雲瞰日浪中出榜歌天際聞伯鸞常去國安[illegible]惜離羣延首剡溪近永言懷數君（韓性詩）隔岸檣竿著暮鴉待舟人立渡頭沙數拳頑石生雲氣一片斜陽有浪花

方孝孺詩娥以孝爲本江以娥得名至今潮長落猶帶哭爺聲

海

海在府境北去縣三十里邊海所屬五縣蕭山山陰上虞餘姚會稽博物志云天地四方皆海水相通地在其中蓋無幾四海之內皆復有海也初學記凡四海俱謂之裨海外乃復有大瀛海環之一曰百谷王又曰朝夕池曰天池亦云大壑巨壑海中山曰島洲曰嶼今紹興北海乃海之支港猶非裨海也王粲海賦云翼驚風而長驅集會稽而一睨是也道墟蝘浦桑盆至宋家漊皆近海塘過蝘浦渡爲瀝海所在江之北接大海與上虞聯壤有西滙觜塞住海口其外乃大海也海中遇暑薄涼微天雨初霽有蜃氣夾雲而興倏忽變幻千態萬狀大爲奇觀秋冬值風雨之候時有海氛瀰望蓊鬱云謝景初觀氛詩海上風與雨未朕先氣升澤鹵雜山祲蓊鬱相薰蒸

交語而已障安辨丘與陵衣襦帶韋綴臭腥殊可憎乎非昌其與陽安免疾癘乘君子卻陰邪何必醫師能○海潮晝夜凡再至朝日潮夕日汐卯酉之月特大于餘月朔望之後特大于餘日大即洶湧昂高十餘丈其非時而大者謂之海溢宋朱中云適遇巨風擁之而來後浪擁前故忽大而且久不退又夏則晝小而夜大冬則夜小而晝大俗謂潮畏熱畏寒云海潮賦後序竊以海潮之事代或迷之今輒依洛下閎張平子何承天等以渾天爲法水與地居其半日月出乎其下以證夫激而成潮之理并納華裔郡國環以二十八宿黄道所交及立北極爲上規南極爲下規以正乎日月之所由升降其理昭然可辨謂之潮圖施諸粉繢庶將無闕西溪叢語舊于會稽得一石碑論海潮陰陽依附極有理不知其誰氏觀古今諸家海潮之説多矣或謂天河激湧亦云地機翕張盧肇以日激水而潮生封演云月周天而潮應挺空入漢山湧而濤隨析木大梁月行而水大源殊派異無所適從

索隱探微宜伸確論宋祥符九年冬奉詔按察嶺外嘗經合浦郡沿南溟而東過海康歷陵水涉恩平住南海迨由龍川抵潮陽暨出守會稽移莅句章以上諸郡俱沿海濱朝夕觀望潮汐之候者有日矣得以求之刻漏究之消息十年用心頗有準的大率元氣嘘翕天隨氣而漲斂溟渤往來潮隨天而進退者也以日者衆陽之母陰生于陽故潮附之于日也月者太陰之精水乃陰類故潮依之于月也是故隨日而應月依陰而附陽盈于朔望消于朏魄虚于上下弦息于輝朒故潮有小大焉今起月朔夜半子時潮平于地之子位四刻一十六分半月離于日在地之辰次日移三刻七十二分對月到之位以日臨之次潮必應之過月望後東行潮附日而又西應之至後朔子時四刻一十六分半日月潮水俱復會于子位其小盡亦然惟次日移三刻七十三分半是知潮常附日而右旋以月臨子午潮必平矣月在卯酉汐必盡矣或遲速消息之小異而進退盈虚終不失其期也蕭山

新志以此爲龍圖學士燕肅海潮論豈令威所云誰氏者卽燕公耶或後人誤以屬燕也凡水之入于海者無不通潮而浙江之潮獨稱奇初來僅若一線漸近則漸大頭高十數丈亘如山嶽奮如雷霆銀崖横飛雪檻屛起喧吰澎湃觀者目眩涉者心悸漢枚乘七發所云觀濤乎廣陵之曲江卽此枚爲吳濞郎中浙江時正屬吳易吳曰廣陵浙曰曲騷客語固然每八月十八日遠近人聚觀之然大率多在西岸錢塘境善泅者泝濤出沒謂之弄潮宋治平中杭州守蔡襄作戒弄潮文熙寧中兩浙察訪李承之奏請禁止然終不能遏至今猶競爲之會稽石碑或問曰四海潮平皆有漸惟浙江濤至則亘如山岳奮如雷霆水岸横飛雪崖旁射澎騰奔激吁可畏也其漲怒之理可得聞乎曰或云夾岸有山南曰龕北曰赭二山相對謂之海門岸狹勢逼湧而爲濤耳若言狹逼則東溟自定海吞餘姚奉化二江侔之浙江尤甚狹逼潮來不聞濤有聲也今觀浙江之口起自纂風亭北望嘉興

大山澗二百餘里故海商舶船畏避沙潭不由大江惟泛餘姚小江易舟而浮運河達于杭越矣蓋以下有沙潭南北亘連隔礙洪波蹙遏潮勢夫月離震兌他潮以生惟浙江潮水不同月經乾巽潮來已半濁浪堆滯後水益來於是溢于沙潭猛怒頓湧聲勢激射故起而爲濤耳非江山淺逼使之然也（宋朱中潮論）錢塘潮燕公所謂沙潭巳盡其理諸論盡廢夫水盈科而後進未及潭則錢塘之江尚空空也及既長而冒之自潭斗瀉入江又江沙之漲或東或西無常地常爲沙岸所排助其激湧震天動地岌岌而來水之理也蓋潭中高而兩頭漸低高處適當錢塘之衝其東稍低處乃當錢清曹娥二江所入之口錢清江口潭最低潮頭甚小曹娥江口潭稍高于錢清故潮頭差大（劉禹錫浪淘沙詞）八月潮聲吼地來頭高數丈觸山回須臾却入海門去捲起沙堆是雪堆（李慶餘詩）木落霜風天氣清空江北里見潮生鮮飈由海魚龍氣晴雪噴山雷鼓聲雲日半陰川漸漸客帆皆過浪

驚平高樓遠望無窮意舟一葉黃花遶郡城（蘇軾詩）萬人鼓譟懾吾儂猶似浮江老阿童欲識潮頭高幾許越山渾在浪花中（又）吳兒生長狎濤淵冒利輕生不自憐東海若知聖主意應教波浪變桑田（又）江神河伯兩醯雞海若東來氣吐霓安得夫差水犀手三千強弩射潮低（仇仁近詩）一痕初見海門生頃刻長驅作怒聲萬馬突鳴天鼓碎六鰲翻背雪山傾遠朝魏闕心猶壯直上嚴灘勢始平寄語吳兒休踏浪天吳罔象正縱橫（張光弼詩）世代消沉是此聲幾回東下復西傾翻騰日月迷朝夕簸蕩魚龍定死生銜石每憐精衛小投膠未見濁河清眼前波浪猶如此莫向蓬山頂上行

（海塘）崇禎元年七月廿三日颶潮陡發自小金團及偁浦宋家漊一帶地方洪水滔天頃刻之際廬舍衝潰男婦溺死不啻萬計皆由沿海居民私開塘穴建橋通舟以致堤塘不固故至此極雖當事蒿目時艱多方修築而私穴未塞患將復作

國初潮患瀕仍隨缺隨補幸無大患而康熙三年八

月二日怒潮由小金塘橋直入土石漂流稻禾淹朽萬姓號呼四年七月初五日狂颶又作海潮由橋復貫河水立高數丈居民幾同魚鱉孝廉石之貞不憚捐軀爲地方請命詰據二年三院檄縣合塞橋捍塘勒碑建亭于九都樊浦思德寺內永杜潮患縣丞趙驥躬親督築告竣驥題其額曰紹紹恩恩（趙驥記）余何取乎前造福紹興置閘三江湯公紹恩赫然郡太守者而公然名之也大其事奇其功恐歷久而不知故爲之稱名而不諱也小金塘口向通舟楫海潮衝決民命攸絕石公璋疾厥名之貞上其事于三院爲民請命不遺餘力乃遵成畫築塘晋霆余丞茲土適董是役近符堂委上答道廳民安樂上竈滄長源爰構斯楹用表奇功于秋萬世視此碑亭衆口懽騰民旣咸喜竈亦弗嗔孰爲爲之再見紹恩福留全紹功乃獨成名垂不朽石公之貞

會稽縣志卷第四　終

會稽縣志卷第五

古蹟志

地屬　物類

賢人隱士之所寓澤繫而風流能使過者興感而聞者思齊載記者抉幽拾落累册而書之則又何怪焉至若追道上世遐引渺怪而名之曰古之蹟也不已荒乎雖然長人之骨肅慎氏之矢孔子所不廢於博聞者也向使適晉者不能述黃熊又不知寶沉臺駘之所在則何以能重鄭故知使於四

方不辱君命非專取于詩矣　徐渭

地屬

禹井在會稽山〔水經〕南有硎去廟七里謂之禹井

錢王井凡數十多在五雲稽山門外甃以石水高于地不溢不涸炎時行道者賴之相傳皆吳越王時所浚

葛仙丹井〔舊志〕在廣孝寺佛殿西廡之外僧房中泉味甘寒冠一山今殿廡已非故址而井在殿外竹林中〔顧況詩〕野人愛向山中宿況在葛洪丹井西門前有箇長松樹半夜子規來上啼〔陸游詩〕葛洪丹井一千年翁去丹飛餘此泉炯如古鏡不拂拭俯聽缺甃時鏘然神龍受命護泉臥蜿蜒直恐從天墮人言神物老愈靈夜半聲酣風雨過放翁還山亦何有閉門吟嘯龍爲友客來餉

對聠山肱但酌此泉勝酌酒（張艮臣詩）九轉丹砂煉得成飄飄仙袂入青冥一泓寒水留眞脉千歲長松産茯苓（高似孫詩）竹屋虛明臥古松葛仙丹井尚遺蹤日長無事同僧話指點雲邉三四峯（明吳騆詩）團團石甃冷蒼苔仙客雲遊竟不來寂寞斜陽巖壑底藥爐丹竈盡塵埃又一在禹穴側（華鎮考古云）葛稚川煉丹于宛委山下有遺井大如盆盂其深尺許清泉湛然（唐宋之問詩云）著書惟太史煉藥有仙翁

何公井在雲門山西　梁何胤所居處也（宋之問詩樵逕謝村北學井何巖東

巖裏九井在縣東南七十里巖口山下深不可測舊傳每震雷時有巨魚揚鬣其中爭以網取之不可得山頂有巨石如塔高峻人亦不可至左溪上有石洞若大厦可容數十人景極幽勝

歐冶井在鑄浦齊唐錄鑄浦事云有淬劍大井存焉

義井在縣西直橫俱二丈向爲居民侵入康熙六年火災始清出今立碑汲者賴之

非泉在大禹祠側可數十步王十朋詩梵王宮近夏王宮一水清涵節儉風越俗不知王好惡泉名拾在酒名中

鄭公泉在若耶溪鄭弘所居之側去葛仙公釣磯石不遠弘雖居台輔嘗思故居一日病困冀得此泉水家人馳致之飲少許便差泉有二脈滴滴出石罅味極甘宜茗泉處爲石石之上爲行路而泉注溪中非山僧野叟不能知其處華鎮詩溪上清泉玉色寒臨泉踏盡石苔斑爲憐北闕來軒客白首高情在舊山

苦竹泉在秦望山曾文清墓旁多苦竹泉出其下泓潔宜茗

雲門泉在雲門山泉上有亭匾曰好泉取范文正公山有好泉來之句（唐僧靈一詩）泉源新湧出洞徹映纖雲稍落芙蓉沼初淹苔蘚紋了將空色淨素與衆流分蓄得清宵月冷然夢裏聞

惠泉在太平山二泉如帶大旱不涸（宋晏殊詩）稽山新茗綠如烟靜挈都籃煑惠泉未向人前殺風景更持醪醑醉花前

溫泉在湯湖之側

石泉在蒲蔔嶺東冬夏不竭

眞珠泉在少微山齊祖之家山有十詠泉其一也

傅公泉在射的山下傅崧卿先墓側因地坎窪鑿池潴水每以

之瀹茗浣祭器縱五尺横六尺深三尺泓潔甘美遇旱不涸

岑石在刻石山〔越絕書〕秦始皇到越取浙江岑石長丈四尺南北面廣六尺三寸東南廣四尺西廣尺六寸刻石于東山上其道九曲

坐石在會稽山南〔輿地志〕方石數丈是始皇坐其兩邊方石八所丞相斯已下坐蓋俗傳云

西施石在若耶溪一名西子浣紗石〔王軒詩〕嶺上千峯碧江邊細艸春今逢浣紗石不見浣紗人〔宋之問詩〕越女顏如花越王聞浣紗國微不自寵獻作吳宮娃一行霸句踐再笑傾夫差一朝還舊都靚粧驚若耶〔劉基詩〕臥薪終日泣孤臣落葉飛霜幾度春能使姑蘇聚麋鹿誰知却是浣紗人

葛仙翁釣磯石在若耶溪葛稚川嘗投竿坐憩于此謝康樂兄弟每至輒酬唱志歸（林景熙詩）巨搐長竿釣海波空遺磯石臥荒坡千年無此垂綸手多少饑民向浙河（宋華鎮詩并序）若耶溪上仙翁投竿之地岩磯孤秀起于中潭環山千疊澄淵無底清光翠色上下相照殆非人境所有謝家兄弟悅之日至其上更酬迭唱久而忘歸○聞說風流謝客兒鴒原相應日忘歸仙翁遺跡雲深處擕手行吟送落暉

新婦石在會稽山巔

飛來石在禹穴側世傳有石自安息飛來上有素痕三條唐宋名賢多題名其上

酒甕石在射的山足三石品峙其狀如甕（舊經）巨石三在鏡湖東時人謂之秦皇酒甕石（風俗賦）石甕匪泥（宋徐天祐註）三石頑然在道隅人言遺甋是秦餘沙丘轍迹知何許不

共鴟彝托屬車

候水石在射的山下臨樵風涇水漲石常不沒里人以此候水

落星石在曹娥江中高七八尺每江潮至石輒不沒〔舊經〕星隕而爲石也俗呼浮山吳越寶正六年封曰寶石之山

烏石在義峯之西石甚奇

研朱石在宛委山側〔郡志〕葛稚川既仙去遺石于此歲久彌大

蝦蟆石在宛委山與龍瑞宮對昔宮廩失粟莫知盜者有方士言盜乃朝山之怪物也羽流信之命工鑿損石口患遂息

金雞石在下竈之前方數丈世傳有見金雞飛鳴石上遂迸裂〔舊記〕會稽有裏

金雞外金雞（羅隱詩）
金雞不向五更啼

【鳳林】華鎮考古云在五雲門外世傳禹受圖籍是時麟遊其庭鸞結其巢鳳凰鳴飛依於林木今五雲門外鳳林鄉蓋取諸此

【鳳凰窠】在義峯山下石有一員竅深一尺廣四尺俗傳鳳毓二雛自此而翔旁有上凰下鳳沉鳳等村名

【越王城】詳見秦望山下

【南小城】在東郭門外（越絕書）句踐冰宮去縣三里句踐之出入也齋于稷山往從田里去從北郭門龜山更駕臺馳于離丘遊于美人宮典樂中宿過歷馬丘射于樂野之衢走犬若耶休謀石室食于冰廚

美人宮（越絕書）去縣東六里許周五百九十六步陸門二水門一今北壇利里丘土城句踐所習教美女西施鄭旦宮臺也女出于苧蘿山欲獻下吳自謂東垂僻陋恐女樸鄙故令近大道以居

齋臺（越絕書）稷山者句踐齋戒臺也（吳越春秋）南臺在于襟山按越境無襟山則襟當作稷在縣東五十里（章弘仁九日登臨詩）九日齋臺上登臨我輩同萬峯遥對酒孤嶼共吟風天入寒流水鴻歸遠照中覇圖留勝迹感慨意無窮

離臺（越絕書）周五百六十步在今淮陽里丘（吳越春秋）起離宮于淮陽（舊經）在縣東南二里

中宿臺（越絕）作中指臺（越絕書）中指臺馬丘周六百步今高平里丘（吳越春秋）中宿臺在于高平（舊經）在縣東七里

呼鷹臺在石姥山俗傳有異人嘗登巖呼鷹鷹即下揮即去故名

燕臺舊經在縣東南十里吳越春秋燕臺在于石室吳王聞越王石臺之遊未嘗敢上以爲異法服威也越王之臺五四在縣境駕臺在於越丘越絕書周六百步今安城里盖山陰縣境云

鵲巢唐時有鵲巢和尚棲止秦望山長松上自居易問師住處危險師曰太守地位危險更甚徐天祐詩分得南飛鵲一枝長松頂上結趺時世間何處無平地若比長松更是危

樂野越絕書越王弋獵大野故謂樂野其山上石室句踐所休謀也去縣七里吳越春秋立苑于樂野十道志句踐以此野爲苑今有樂瀆村

刑塘在縣北一十五里舊經引賀循記云防風氏身三丈刑者不及乃築高塘臨之故曰刑塘王十朋風俗賦刑塘築兮長人誅

煉塘在縣東五十五里（越絕書）句踐時采錫山爲炭聚載從炭瀆至煉塘各因是名之

陶朱公釣臺在縣南

駕臺在城丘（越絕書）駕臺馳于離丘

思古亭南鎮祠側

鏡光亭（舊經）在縣界

皇甫秀才山亭（孟浩然詩）嘉賓在何處置亭春山嶺說者謂皇甫冉也

袁秀才林亭近方干別墅干數過之詩曰經年此地爲吟侶早起尋君日暮西

鍾離意巷在縣南竹園坊意字子阿舉孝廉爲尚書僕射交趾太守張恢坐

賍詔班賜羣臣意得珠璣而不拜賜帝問其故對曰此賍穢之寶誠不敢拜帝嗟嘆曰清乎尚書之言也乃更以庫錢賜意朝廷爭爲嚴切以避誅責意獨敢諫數封還詔書臣下過失輙救解之出爲魯相以愛利爲化出私錢萬三千貫付戶曹治夫子廟七世孫收躬自墾田種稻縣民來認即以與之後爲南海太守操行清純有古人風

鄭弘宅在縣東南若耶溪側按弘字巨君少爲鄉嗇夫太守第五倫奇之召至郡郡舉孝廉弘師同郡河東太守焦貺楚王英謀反發覺引貺貺被收道亾妻子詔繫獄諸生故人皆變名姓以逃禍弘獨髡頭負鐵索詣闕上章爲貺訟罪顯宗赦其家弘躬送貺喪及妻子還鄉里拜鄒令累遷尚書前後所陳有裨益王政者皆著之南宮以爲故事後遷太尉族祖吉爲人强執習外國事宣帝時吉以侍郎田渠黎積穀因發諸國攻破車師遷衞司馬使護鄯善以西南道

日逐王欲降漢使人與吉相聞吉發渠黎龜茲諸國五萬人迎日逐王吉既破車師降日逐威震西域遂併護車師以西北道故號都護都護之置自吉始焉上嘉其功效乃下詔封吉爲安遠侯

陳囂宅在縣治南二里竹園巷之間囂宅有大竹園至宋永嘉中爲竹園寺初囂與紀伯爲鄰伯竊囂地以自益囂不言益從地與之伯慚懼亦歸所侵地其中乃爲大路鴻嘉二年太守周君刻石旌表號曰義里長簷路至今猶號長簷街云

王子敬山亭詳雲門山下按獻之字子敬少有盛名而高邁不羈雖閒居終日容止不怠風流爲一時之冠工草隸丹青七八歲時學書羲之密從後掣其筆不得嘆曰此兒後當復有大名獻之嘗從山陰道上行語人曰山川自相映發使人應接不暇若秋冬之際尤難爲懷仕至中書令謚曰憲

筆倉在五雲山顯聖寺後晉王獻之筆倉今爲智井

何充宅在縣東南七十里嵩山之陽充嘗爲會稽內史居于此後遂捨爲福慶寺

郭偉宅詳見禹蹟寺下

謝敷宅在五雲門外一里或云在雲門寺東與何充宅相近唐僧靈一詩春山子敬宅古木謝敷家敷字慶緒性沉靜寡欲入太平山十餘年辟命皆不就初月犯少微占者以隱士當之戴安道有美才時人憂之俄而敷死會稽人士嘲之云吳中高士求死不得

江彪宅在縣東三里都賜里今名都泗裔孫江總避難會稽憩于龍華寺製修心賦序曰太清四年秋七月避地于會稽龍華寺此伽藍者余六世祖宋尚書右僕射州陵

侯元嘉二十四年之所構也侯之王父晉護軍將
軍彪昔游此邦卜居山陰都賜里貽厥子孫有終
焉之志寺域則宅之舊居左江右湖面山背壑東
西連跨南北紆縈聯輿若節名僧同銷日月曉修
經戒夕覽圖書寢處風雲並棲水月不意兵戈擾
攘朝市傾淪以此傷情可知矣啜泣濡翰豈攄鬱
結庶後生君子悶余此概焉嘉南斗之分次肇東
越之靈秘表檜風于韓什著鎮山于周紀蘊大禹
之金書鑴暴秦之狂字太史來而探穴鍾離去而
開筒信竹箭之爲珍何琙玞之罕植奉盛德之鴻
祠寓安然之古寺實豫章之舊閣成黃金之勝地
遂寂默之幽心若鏡中而遠尋面層阜之超忽邇
平湖之迴深山條偃蹇水葉浸淫掛猿朝落饑鼯
夜吟巢叢藥苑桃溪橘林捎雲拂日結暗生涼係
自然之雅趣鄙人間之荒雜望島嶼之邅回面江
源之重沓流泛月之夜迴曳光烟之曉面風引堋
而斷噪雨鳴陰而候颺鳥稍狎而知來雲無情而
自合邇乃野開靈塔地築禪居喜園迢遞樂樹猷

疎經行藉草宴坐臨淇持戒振錫叟影甘蔬堅固之林可喻寂滅之鄉蹔如異畝終而愁起非木落而悲始登降志而辱身不露才而揚已終風雨之如晦倦鷄鳴而聮耳幸避地而高棲憑調御之遺旨抑四辨之微言悟三乘之妙理遺十纏之繫縛去五感之塵滓久遺榮于勢利廣忘累于妻子感意氣于疇日寄知言于來祀何遠客之可悲知自憐而可已〔太平寰宇記〕郭北有江橋郎彪所居地

何子平宅在縣東土鄉 按子平世居會稽事母至孝南宋時爲海虞令祿惟養母不及妻子母喪去官哀毀踰禮每哭踊頓絕方甦大明末東土饑荒繼以師旅八年不得營葬晝夜悲號常寢苫塊所居屋敗不蔽風雨兄子伯興欲爲葺治子平不肯曰我情罪未伸天地一罪人耳屋何宜覆會稽太守蔡興宗聞而憐之爲營葬事子平幼持操檢敦厲名行雖處暗室如接大賓士類咸敬信之

何胤宅在秦望山下　按胤字子季初仕齊至中書令後棄官入會稽卜築于若耶山雲門寺胤二兄求點並棲遁世號何氏三高梁武帝踐祚詔爲特進不起有勅給白衣尚書祿固辭又勅山陰庫錢月給五萬不受乃勅何子朗孔壽等六人於東山受學胤以若耶處勢逼隘不容學徒遂遷秦望山山有飛泉乃起學舍即林成園因巖爲堵內營學舍又爲小閣寢處其中躬自啓閉僮僕無得至者別有室在若耶山洪水暴作大木偃拔胤室獨存時衡陽王元簡領會稽郡事令鍾嶸作瑞室頌以美之

孔稚珪宅在尚書塢　按稚珪字德璋少有美譽高帝時與江淹對掌辭筆歷官尚書稚珪風韻清疎好文詠與何點何胤並款交不樂世務居宅盛營山水憑几獨酌旁無雜事庭內草萊不翦中有蛙鳴或問之稚珪曰我以此當兩部鼓吹王晏嘗鳴鼓吹候之聞羣蛙鳴曰此殊

聒人耳稚珪曰我聽鼓吹殆不及此晏甚有愧色

張彪宅 按彪亡命若耶山後爲楊州刺史陳文帝入會稽彪擊走之及兵敗與妻楊氏還入若耶山一犬名黃蒼常在彪前後文帝遣兵購之并圖其妻兵至黃蒼便嚙一人中喉死彪曰吾頭可斷誓不生見陳蒨遂見殺兵來迎楊楊便改啼爲笑請殯彪既畢黃蒼俯伏塚間號呼不肯去楊還經彪宅佯請入粧飾遂割髮毀面哀毀慟絕誓不更行文帝聞之嘆息乃許爲尼彪起于若耶與于若耶終于若耶夫妻皆以節義感及殊類爲時所重

賀知章宅在縣東南三里五雲門外 知章以秘監請爲道士還鄉里詔許之以宅爲千秋觀後改天長觀宋郡守史浩建懷賀亭鑑湖一曲亭于觀前又有賜榮圃取李白詩曰敕賜鑑湖水爲君臺沼榮之句其內有幽襟亭逸興亭醒心亭迎棹亭今並廢若明眞

觀則知章行觀耳（唐元宗賜詩）遺榮期入道辭老
竟抽簪豈不惜賢達其如高尚心寰中得秘要方
外散幽襟獨有青門餞羣僚悵別深（賀知章詩）少
小離鄉老大回鄉音無改鬢毛衰兒童相見不相
識笑問客從何處來（李白詩四首）（其一）四明有狂
客風流賀季眞長安一相見呼我謫仙人昔好盃
中物今爲松下塵金龜換酒處却憶淚沾巾（其二）
狂客歸四明山陰道士迎勑賜鏡湖水爲君臺沼
榮人亾餘故宅空有荷花生念此杳如夢悽然傷
我情（其三）久辭榮祿遂初衣曾向長生說息機眞
訣自從茅氏得恩波寧阻洞庭歸瑤臺含霧星辰
滿仙嶠浮空島嶼微借問欲棲珠樹鶴何年却向
帝城飛（其四）鏡湖流水漾清波狂客歸舟逸興多
山陰道士如相見應寫黃庭換白鵝（姚鵠詩）若非
堯運及垂衣肯許巢由脫俗機太液始同黃鶴下
仙鄉已駕白雲歸還披舊褐辭金闕却捲元珠向
翠微羈束慚無仙藥分隨君空有夢魂飛（朱放經
鑑湖道十觀詩）已得歸鄉里逍遙一外臣那從流

水去不待鏡湖春雪裏登山屐林間漉酒巾空留道士觀誰是學仙人（王灣同賀監林月清酌詩）華月當秋滿朝軒假與同淨林新霽入窺院小凉通碎影行筵裡搖花落酒中清霄照愁意併此助文雄（諸葛興賀監祠頌）山簇簇兮環湖水森森兮縈紆人何遊兮明鏡鳥何飛兮畫圖懷賀老兮今昔想逸致兮林廬老之襟兮天潤老之神兮秋月飛翰兮龍鸞吐辭兮冰雪際熙運兮開元司縟典兮春官凌玉霄兮倚華蓋驂駿馭兮升西崑俄清夢兮綿綿恍乘雲兮登仙覲紫皇兮玉宸聆九奏兮鈞天賤天公兮遂志鼓予枻兮錦罣吾朋兮鷗鷺吾賓兮烟水野服兮蹁躚班衣兮娛戲緬高賢兮非苟于去就其庶幾兮東門之傳鴟彝之子（徐渭詩）鑑湖無處無非曲既罷奚勞乞賜爲幸有雙眸明似鏡一逢李白解金龜

張志和宅

志和隱居縣之東郭茨以生草椽棟不加斤斧唐大曆中觀察使陳少游往見

爲終日畱表其居曰元眞坊以門隘爲拓地號曰回軒巷初門阻流水又爲建橋曰大夫橋（宋黄庭堅詞）西塞山邊白鷺飛桃花流水鱖魚肥朝廷尚覓元眞子何處如今更有詩青箬笠綠蓑衣斜風細雨不須歸人間欲避風波險一日風波十二時

（宋高宗御製詩并序）紹興元年七月十日予至會稽因覽黄庭堅所書張志和漁父詞十五首戲同其韻賜辛永宗（其一）一湖春水夜來生幾疊春山遠更横烟艇小釣絲輕贏得閑中萬古名（其二）薄晚烟林淡翠微江邊秋月已明暉縱遠柁適入機水底閑雲片段飛（其三）雲灑清江江上船一錢何得買江天催短棹去長川魚蟹來傾酒舍烟（其四）青草開時已過船錦鱗躍處浪痕圓竹葉酒柳花氊有意沙鷗伴我眠（其五）扁舟小纜荻花風四合青山暝靄中明細火倚孤松但願樽中酒不空（其六）儂家活計豈能名萬頃波心月影清傾綠酒糝藜羹保任衣中一物靈（其七）駭浪吞舟脫巨鱏結繩爲網也難任綸乍放餌初沉淺釣纖鱗味更深

（其八）魚信還催花信開光風得得爲誰來舒柳眼落梅腮淚暖桃花夜轉雷（其九）暮暮朝朝冬復春高車駟馬趁朝身金挂屋粟盈囷那如江漢獨醒人（其十）遠水無涯山有鄰相看歲晚更情親笛裏月酒中身舉頭無我一般人（其十一）誰云漁父是愚翁一葉浮家萬慮空輕破浪細迎風睡起篷窗日正中（其十二）水涵微雨湛虛明小笠輕簑未要晴明鑑裏穀紋生白鷺飛來空外聲（其十三）無數菰蒲間藕花棹歌輕舉酌流霞隨處好轉山斜也有孤村三兩家（其十四）春入渭陽花氣多春歸時節是清和衝曉霧弄滄波載與俱歸又若何（其十五）清灣幽島任盤紆一舸橫斜得自如惟有此更無居從教紅袖泣前魚

徐浩宅在五雲橋之東

嚴維宅在東湖　唐大曆中維爲長史因名長史村自題云落木秦山近衡門鏡水通

又有園林頗名于唐其詩曰杖策山橫綠野乘舟水入衡門又曰杉松交日影枕簟上湖光（皇甫冉秋夜宿嚴維宅詩）昔開元度宅門向會稽峯君住東湖下清風寄舊蹤秋深臨水月夜半隔山鐘世故多離別良宵詎可逢（李向貞詩）江湖同避地分手自依依盡室今爲客經冬空念歸歲儲無別墅寒服羨鄰機草色村橋晚蟬聲江樹稀夜涼宜共醉時難惜相違何事衡陽侶汀洲忽背飛

（秦系宅）在若耶溪上

系自咏詩三首（其一）鷄犬漁舟裏長謠任興行那邀落日醉巳被遠山迎疊嶂將非重荷衣着甚輕謝公無個事忽起爲蒼生（其二）寂寂池亭裏軒窗間綠苔遊魚牽荇沒戲鳥踏花摧小逕僧尋去高峯鹿下來中年曾屢辟多病復遲回（其三）時人多笑樂幽棲曉起閒行獨杖藜雲色卷舒前後嶺藥苗新舊兩三畦偶逢野果將呼子屢折荊釵亦爲妻擬共釣竿長往後嚴陵灘上勝耶谿

趙宗萬宅在縣東南照水坊［華鎮云］宗萬養素丘壑祥符中被召不赴獻跛鼈傳以自喻求爲道士即其家賜羽衣以遂其志嘗有詩云手懸金印心難動屏列春山眼暫開蓋自述也

裘義門平水雲門之間有裘氏自齊梁以來七百餘年無分爨子弟或爲士或爲農鄉黨稱其行大中祥符四年州奏旌其門閭詳裘尚傳陸游郡志云裘氏至今尚共一廳頗閎壯有孫威敏題字存焉［宋真宗旌表門閭記］眞宗皇帝嗣位十四載十一月詔下會稽旌表裘氏門閭從守臣之請褒孝義勵風俗也昔裘牧爲大夫世居中國至十七代孫曆仕西晉值永嘉之亂乃隨元帝渡江避地婺女遂隱而不仕其子尚義熙中徙居會稽縣三十都世勤耕桑家積仁義越五代當聖宋乾德年踰六百載人無別居內不二爨大中祥符四年郡邑始能知裘氏尚至可瞻已十九世矣瞻孫

冶從學有文行稱于族中爲鄉里推重因薦于縣縣薦之郡郡奏于朝勅下旌表門閭蠲復徭役冶生子四人曰仲容仲華仲舒仲祚仲容事母尤謹慶曆中母病亟仲容兄弟倉皇侍疾醫治無驗嘆曰嘗聞古人有割肉可以愈親疾者乃割股飼母弟仲莊亦將割之聞兄已進乃止母食之果瘥是時雲霧蔽覆其家里人駭觀精誠之感也晉陽王極燕翼貽謀錄宋祥符四年冬越州言會稽縣民裘承詢同居十九世家無二爨詔旌其門閭指今二百三十六年矣其義門之號如故也余嘗至其村故廳事猶在族人同住一村世推一人爲長有事取決則坐于聽事有竹箄亦世相授者族長欲撻有罪則集衆而用之歲時會拜同飲咸在至今免役不知十九世而下今又幾世也余試思之裘氏力農無爲士大夫者所以能保其義氣之久苟有驟貴超顯之人則族長之令有所不能行矣何者貴賤殊勢炎凉分趨父兄守之子孫冨貴而或不肯將變其義者而爲不義矣裘氏雖無顯者乃

能世世守義以爲名族勝于作盛作衰者遠矣天之祐裘氏者豈不甚厚哉

智永禪師書閣在雲門寺

辨才香閣齊祀之雍熙寺記普公歸老于辨才香閣唐李褒詩香閣無塵雪後天在雲門寺今不存按辨才姓袁氏梁司空昂之元孫智永之弟子也世傳右軍蘭亭帖寶藏之唐太宗雅好二王書凡三名辨才詰之固稱遊經喪亂亡失不知所在乃遣御史蕭翼出使求之翼至會稽微服爲書生徑詣辨才朝暮往還情既洽一日因論右軍筆蹟悉以所攜御府諸帖示辨才相與反覆折難眞贋優劣以激發之辨才乃云老僧有永禪師所寶右軍蘭亭眞跡非此可擬藏之梁間不使人知與君相好因出以相示翼既見之即出太宗詔札以字軸置懷袖而出才嘗赴太宗名有詩雲霄咫尺別松關禪室空留碧嶂間縱使朝廷卿相貴爭如心與白雲閒蕭翼宿東院詩路入山西更向

西雨和春雪旋成泥風吹疊巘雲頭散月照平湖鴈影低拄杖負琴尋遠寺倩僮牽鹿渡深溪今朝獨宿巖東院惟聽猿吟與鳥啼（答辨才詩）邂逅欵良宵殷勤荷勝招彌天俄若舊初地起成遙躡蠛輕遲之心猿躁自調誰憐失羣翼長苦業風飄（孫逖詩）香閣東山下烟花象外幽懸燈千嶂夕捲幔五湖秋畫壁餘鴻鴈紗窓宿斗牛更疑天路近夢與白雲遊

蘸碧軒在鏡湖上　齊祖之詩曰飛棟新成蘸碧軒

齊抗書堂在石傘峯下　唐丞相齊抗所築後捨爲淨聖院（宋元厚之詩）奇峯如傘見遙青玉筍山頭地有靈三徑荒凉丞相隱一篇清絕放夫銘

齊氏家園在縣東少微山　齊祖之分司東歸遂家焉引流爲沼藝花爲圃山之上有芳華亭修竹巖眞珠泉石屋嘉遁亭樵風亭禹穴閣應星亭東山亭釣閣其自爲家山十

詠陶寫景物語尤閑遠（王十朋詩）出郭舟行十里間少微山近箬簣山山中處士已長往一點客星雲外閒萬曆年間爲葉氏書室雖景物不及前志尚雅淨可觀

昌園在縣東南二十里有梅萬餘株雪色可愛香聞數里居人以梅爲業毛平仲遊昌園賞梅詩欲雪盡時攜酒去無人知處待花開（陳諫存傘峰序）云齊公舊居西偏昌園之精舍齊祖之作昌源

修竹樓（林霽山集）王修竹監簿名樓曰與造物遊命予賦秦望諸峯入几看仙居縹緲五雲端天高地迴三千界月白風清十二闌碧海氣侵珠佩濕明河影落玉簫寒超然身在鴻濛上何必蓬萊跨紫鸞

五雲梅舍（林景熙記）越城爲浙左雄八山四水在焉城之東曰五雲門去城東南三十里

曰五雲村天地溫厚之氣聚于南五雲佳邑往往徵瑞王自晉爲江左著氏越千年益蕃以碩宋淳祐景定間依光日月仕爲顯官令臥龍府治之西其故第也會陵谷遷變始各治別第于東南隅避喧居焉告院梅山君郎其居累土爲山種梅百本與喬松脩篁爲歲寒友傲兀冰雪幹旋陽和疏影弄波澹香浮月至若春芳敷腴爭紅競紫則已飄然謝事如姬公明農疏傳辭祿邈不可攀綠陰滿庭纍纍青子可以升廊廟調鼎鼐下視桃李輩直輿儓耳明初伯仲武跡前美復爲堂而搆之扁曰五雲梅舍既克紹先翁之志而又不忘先翁執舊也乃千里貽書請予記予曰城中數萬戶魚鱗相比皆舍也而舍于梅爲清夫人容膝之外非甚俗者亦或蒔植花木以供燕娛固有依梅而舍也而梅于五雲爲瑞然而猶物之重也所重惟物凡有力者皆可致而清與瑞何如也毋已則存乎其人沂國 曾賦梅詩雪中未問和羹事先向百花頭上開 者謝公一生事業已安排于此魏國韓琦

臚傳第二太史奏日下五色雲見舉朝稱賀以爲得人其後二公皆賢宰輔梅無情雲無心也而徵于二公況兼而有之乎使居是舍者挹梅之清抗以高致迎雲之瑞葆以粹質梅可雲同安知他日宰輔之事無與同哉由此觀之王氏之興蓋未艾也

證人書院　在古小學內都御史劉宗周於崇禎年間講明道學四方人士負笈景從康熙戊申己酉歲都諫姜希轍同姚江黄宗羲雲間蔣平階每月鳩集生徒道學復明希轍又聚會課文親加評隲鼓舞不倦士共稱之

遂初園　離城十里係古土井頭太常寺少卿金蘭別業窗成歸里嘯傲湖山日駕小艇同孫炯煜出郭傍晚始返不減柴桑栗里之致每有所得寄諸吟咏與友人唱和詩篇盈帙暇日輒臨池摹楷鍾王年雖遲暮好學不倦云

〔范祈宅〕祈順治丙戌舉人由南康司李陞任廣信郡丞有惠政解組旋里好善不倦飲人以和園中產五色靈芝紳士歌咏以紀其瑞〔顏光敏詩〕閒桑十畝在東陂霽月迎人事事宜共道長齋看繡佛故從瑤圃出瓊芝始知善德禎祥集莫訝天心福澤私海內如君不易得幽襟自與百年期〔金炯詩〕液氣相權景物移先生介節白雲知爲尋彭澤看籬菊却報商山產石芝五色呈光霞影燦九莖獻瑞露華滋神中秘有長生訣對飲從容進玉卮

〔青未了閣〕離縣三里兵部侍郎徐人龍肄業處子庠生咸清有文名媳商氏吏部尚書周祚女婦德母儀女宗夙雅兼工篇章孫東傳綜羣籍噪名黌序孫女昭華幼聰穎好吟咏嘉興曹溶亟與陳維崧蕭邑毛奇齡爲之序善冊青海內人士構求詩畫者盈屨所構青未了閣詩題有郭外青山綠野春耕城頭夕照新篁烟雨宵舟欸乃漁燈唱晚秋林絳葉碧池朗月隣寺曉鐘平田雪霽

十詠清新蠲麗紙貴一時唱和盈帙庚申歲曲阜顏銓部光敏至越亦爲步韻兼製詩序越郡推聞閣善吟者必曰徐昭華云

物類

窆石在禹廟之左高丈許狀如秤錘〔舊經〕禹葬會稽山取此石爲窆〔郡志〕會稽山之東有龍隱起若劍脊西嚮而下有窆石檀弓註天子六繂四碑所以下棺則窆石者固碑之制度其數不同或繁簡異宜或世代悠遠所存止此若不可知也碑上有古隸不可讀宋楊時有題名元至正末兵變爲所傷折今覆以亭知府彭誼修〔宋秦少游詩〕陰陰古殿注修廊海伯川靈儼在傍一代衣冠埋窆石千年風雨鎖梅梁碧雲暮合稽山暗紅芰秋開鑑水香令我免魚繇帝力恨無歌舞

負椒漿（魏了翁詩）禹穴無從一罅通禹陵原在萬山中飲泉窆石皆如舊誤却東遊大史公（王十朋詩）好古貪奇司馬遷詩中史記越山川如今禹穴無尋處洞鎖陽明石一卷（徐天祐詩）龍髯無計返靈遊回首山河昔九州欲問帝陵何處是數千年石一荒丘（明韓陽記）按史記禹至江南會諸侯于塗山爵有德計有功因崩遂葬焉禹葬後夏后少康封庶子夫餘于越以奉守禹祀皇覽云禹冢在會稽山郡志謂山在苗山因禹會計于此而易名焉古帝王塟所曰冢曰墓陵之名則自漢始夫窆石者豈下棺之具耶或謂下棺之後以此石鎮之及攷檀弓註天子葬用四碑窆石與碑制類其數不同或繁簡異宜或世代悠遠所存止此皆不可知焉石上有遺字宋直寶文閣王順伯金石錄云是漢刻第以歲久模糊難于攷辨石之下即神禹所藏穴也故先輩有一代衣冠埋窆石之句舊有亭覆其上柱皆以木為之風漂雨摧速成易朽殊非久遠之規天順戊寅羊城彭公誼以廷臣來知

府事謁陵之後覩亭之傾覆徘徊嘆息謂斯陵乃
先聖王所藏之穴累朝歲時致祭三年則遣使函
香捧帛詣陵而祝告之禮莫重焉雖有殿堂而所
尊所重以是陵故也吾爲守土之職敢不上體朝
廷崇重之意加臣子敬事之心哉卽用工鑿山取
石爲柱爲楣而重建之不二年亭成其爲永遠之
計方諸舊規大不侔矣落成之後公以述職之京
府之賢佐僉謂不可無文勒石垂示將來以陽生
長于斯而歸老于斯徵文以記固辭不獲乃言曰
昔夏禹王之治洚水也九年疏河鑿山胼手胝足
以致平成萬世永賴生靈享祀與穹壤相爲無窮
古先帝王固均有德于民而王之功德又莫大焉
先師孔子于啓論嘗曰禹吾無閒然矣重言贊而
稱之今聖躬所藏之穴在于會稽凡生于茲土仕
于茲郡者安可不加敬而怠忽乎亭覆于上至爲
切要屢遇損壞傾頹亦有視爲末事而弗顧者非
彭公知所崇重以朝廷尊崇之心爲心用工留意
于悠久之計曷克臻于是哉茲特書其作亭之事

其餘殿堂門廡重修重葺者尚多以俟鉅公大手筆記之故不贅（袁宏道詩）窆石立如人鼻穿腰半折不看碑頭字那知是禹穴欄楯半摧殘古文盡磨滅山高仰瘦容松老添孫鬣古屋鬧狐妖香臺蹲豹跡

梅梁在禹廟 梁季修廟忽風雨大至湖中得一木取以爲梁乃梅梁也（四明圖經）鄞縣大梅山頂梅木伐爲會稽禹廟之梁張僧繇畫龍于上忽夜風雨飛入鏡湖與龍鬬後人見梁上水草淋漓始駭之乃以鐵索鎖于柱（徐天祐詩）殿角枯梁水月身象龍誰信解其真休將金鎖空縈絆靈物飛騰自有神

玉梁 漢武帝時民以愆旱災蝗祈玉笥山輒應乃相率至觀既構殿少中梁忽一夕風雷大作明旦霽乃天降白玉梁一于殿上光彩燦目因號玉梁觀至魏武遣使取之去觀九里午時雷霆裂

殿化爲黃龍

乘雲而去

禹劍 宋時在禹祠殿世相傳禹之所服寸刃出于鞘外瑩無繡澁而牢不可引（孫晃詩）水劍還難問梅梁亦可疑（錢倧詩）塵埃共鎖梅梁在星斗仍分劍鞘存

禹珪璋璧珮 紹興二十七年祠之前一夕忽光熠爍人即其處劚之得珪二璋璧各一珮三觀者多疑非古物或謂後世以奉神者乾道五年官命置籍圖其形使道士守之

白璧 十道四蕃志宋孝武任延修禹廟土中得白璧三十餘枚意是禹時萬國所執梁初治廟穿得碎珪及璧百餘片

元珪 匱藏之色黑如鷖徑五寸厚寸餘肉好相倍上下有邸州將常封鑰

古珪青玉印 宋武帝脩禹廟得古珪梁初又得青玉印

〔五寶劍〕一曰純鈞二曰湛盧三曰勝邪四曰魚腸五曰巨闕〔越絕書〕越王有寶劍五聞于天下

〔雷鼓〕五雲門古雷門也西漢王尊傳毋持布鼓過雷門註云會稽有雷門門舊有大鼓聲聞洛陽〔舊經〕句踐舊門也重闕二層初吳於陵門格南上有蛇象而作龍形越又作此門以勝之名之爲雷去城百餘步〔十道志〕句踐所立以雷能威于龍也門下有鼓長丈八尺聲聞百里孫恩亂爲軍人砍破有雙鶴飛去晉傳亦載之〔湘州記〕前陵山有大石鼓云昔神鶴飛入會稽雷門中鼓因大鳴〔唐詩〕雷門作化鶴謂此雷門後改爲五雲門〔董昌傳〕嘗聞閱兵于五雲門〔吳越備史〕錢鏐攻五雲門遂平越州實乾寧三年五月也〔王十朋詩〕吳越興亡事若何譙門遺跡棣山河大聲曾作雷霆震應笑人閒布鼓多

驪山鐸　唐人從越溪獲鐸以問僧一行答曰此秦始皇驪山鐸也

唐琦石　唐將軍擊琵八石也在旌忠廟

會稽縣志　卷二

會稽縣志卷第六

物產志

穀　蔬　果　木　竹　花　草　藥　鱗甲

羽　獸　蟲豸　器　貨

物產

計然言于范蠡曰知鬭則修備時用則知物二者形則萬貨之情可得而觀故歲在金穰水毁木饑火旱此言時之用也故旱則資舟水則資車而物之理可知矣又曰糶二十病農九十病末平糶齊

物關市不乏之治國之道也故積著之理務完物無息幣以物相貿易腐敗而食之斯言也越用之以富其國范蠡復用之以富其家今農之畢末之幣與物在會稽者不特一二增于計然時已也然而不免于常糴者豈乏之然與蠡其人乎殆非也古之剩農與末也恒在上今之剩農與末也恒在下即有然與蠡其人將安所用乎姑舉其一蓋自釀之利一昂而秫者幾十之四杭者僅十之五六釀日行而炊日溢農者且病農而壤之制也況得制其末

乎吾故曰雖有然與蠡而無所施者此也徐渭

穀

蚤稻六月蚤熟紫口甲嘴微紫粒細朝稽俗謂之老丫鳥麤稈細稈細珠蚤白黏晚白黏黏也黏芒料水白歲遇甚潦輒能長出水上餘杭白粒圓而白係傳種自餘杭來故名稚蒙粒糯而黏最短烏鄉秫實類餘杭而色稍青白鵝鴨黃葉下藏穗低而葉昂健腳青熟時莖挺而色稍青宜興白種自宜興來以上俱秫類宜炊椏糯青稈糯水鮮糯八月蚤熟羊鬚糯蚤黃黏黃殼糯紅黏糯芒赤故名糯之佳者以上俱秫類宜釀郡志五十六種彼蓋舉全越而言之漢志種穀必

雜五種以備災害則如下所列麥 大麥廣雅麰也
粟諸豆之類蓋農家所不可缺者立夏前熟
小麥廣雅麳也 蕎麥三稜而赤色七月種九月熟 糯粟 粳粟 赤
豆 綠豆 毛豆即白豆莢毛故俗名毛豆 白稨豆粒黑者曰白眼豆莢長而尖者曰羊角豆四月熟 羅漢豆蠶月熟故又名蠶豆 虎爪豆粒班而大九月熟 刀豆莢厚形似刀 豇豆莢長尺餘最長而軟者俗名裙帶豆其莢短者曰短豇四五月熟莢可蒸食 菰米吳中菰米爲多會稽菰米菜亦富而米少西京雜記會稽賀循事母至孝母好食菰米飯循常躬自採擷家近太湖湖中自生菰米無復餘草

蔬

白菜 青菜 萊菔俗呼爲蘿蔔一名菘一名蔓青即蕪菁也有二種一黃一

白油菜　芥菜　莧（郡志）莧有紅白紫三色紅莧一名馬齒莧（本草）篩葉間有水銀每莧十觔多至十兩水銀名曰汞會稽謂艸芽亦曰汞今人呼刺汞之類是也凡艸大率多汞故曰汞　芹一名水英産白馬山者最佳　甜菜有冬夏二種　苦菜　萵苣菜　菠薐菜　薺菜　薹菜　瓜王瓜青瓜四五月熟西瓜金瓜甜瓜絲瓜六七月熟冬瓜九十月熟（王十朋風俗賦）賀瓜㶕區　茄又名落蘇　瓠四月熟至六月不食　芋俗呼芋艿有水陸二種　筍冬筍猫筍花筍龍鬚筍箭筍鞭筍諸筍味美而四時相繼　茭白　茭菰（王十朋風俗賦）十實則有臯茈茭菰　蕨（爾雅）蕨虌也初生無葉可食生山谷間其根爲粉可當麪食　茐　韭　蒜　薤　蒿　薑　蕺（唐趙璘戒珠寺碑）蕺蔬類句踐故城東北三里有山曰蕺傳云昔越君所嗜故嘗採于此遂以此名

山諺曰豐年嫌我臭荒年賴我救謂其根可食云

果

楊梅　梅綠萼玉蝶檀香山梅紅梅其種不一惟綠萼甚香而其實且大　杏　銀杏　李〔郡志〕越有黃蠟李麥熟李夫人李白淩李紫茄李錦李　桃有夏秋二種東郭門外淩家山有桃李吼山者園花開時如錦繡　梨吼山者最佳　石榴宋之問在會稽有玩郡齋海榴詩恐海榴別是一種　棗越人呼鮮棗爲白蒲棗　香團　火榧　柑　橙〔梅聖俞詩〕越虀橙熟久楚飯稻春初　柚〔列子〕吳越有木焉曰櫾碧實冬青實丹而味酸爾雅音義柚亦作櫾　橘〔任昉述異記〕越多橘園越人歲稅謂帳橘戶亦曰橘籍今非其舊〔杜荀鶴送人遊越詩〕有園告種橘無渚不生蓮　金橘　蒲萄有紫水瑪瑙二種〔王十朋詩〕珠帳纍纍掛

龍鬚慢慢抽從渠能美釀不要博涼州

栗〔本草〕生山陰陶隱君曰會稽最豐

柿

棠

薺又名地栗

櫻桃

菱一名芰屈到嗜芰即此小者爲刺菱巨者爲大菱八月菱舟環集鑑湖中〔王翰詩〕不知湖上菱歌歌女幾個春舟在若耶〔王十朋風俗賦〕有菱歌兮聲峭〔郡志〕羅紋菱最佳

蓮子

芡〔郡志〕芡葉似荷而大生而有芒刺荷華日舒夜斂芡華晝合宵開此陰陽之別也〔方言〕曰北燕謂之葰青徐淮泗之間謂之芡南楚江淮之間謂之雞頭其柄作菹甚美越人謂之藕梗其實芡柄耳

藕

林禽〔風俗賦〕檎腮半朱〔山居賦〕枇杷林檎帶谷映渚俗呼花紅王右軍帖中所謂來禽是也

枇杷

木

松〔郡志〕越多百年之松

栢

桐其類有四一曰青桐枝葉俱青無子一曰梧桐皮白葉青

有子一曰白桐有花與子其花三月開黃紫色一曰岡桐似白桐而無子白桐岡桐宜作琴瑟

梓（十道志）越人多種豫章樹梓即豫章也（吳越春秋）吳王好起宮室越王使工人入山伐木天生一大木一雙可二十圍陽爲文梓陰爲楩柟

櫻櫚（十道志）會稽有櫻山

檜（草木記）木之奇者有會稽之檜

檉似柏而香出越中四明山爲多

楮　樟　榆　楊　柳　桑

柘葉可供蠶事其木文理縝密而黃色可愛堪爲器具（謝靈運山居賦）所謂木之美者

槐

檀性堅密可爲車宋南渡初製五輅俱以檀爲軸

烏柏　冬青　椿　桂

櫟

楝有花詩人多稱之（宋陳無已詩）密樹已成蔭高花初着枝

楓　樺

檫　榧　櫧　杉

相思木（平泉草木記）得稽山之相思木（述異記）戰國時魏有民戍秦妻思之卒塚上生木枝葉皆向夫所謂之相思木

昇仙木即皂莢劉樊以

此昇仙（宋孫應時詩）劉樊蟬蛻此登仙老大常時直梯天玉骨半枯猶秀潤蒼苔新長更榮鮮

竹

箭竹 別名曰篠幹直可以爲矢所謂會稽竹箭是也 貓竹 幹大而厚可以爲舟 石竹

苦竹 筍味苦有黃青白紫四種幹細而直可以爲筆（圖經）越出筆管（郡志）亦堪作紙用

淡竹 可煮以爲紙 筋竹 性韌可作篾亦名金竹堪織簟（西京雜志）會稽貢竹簟號流黃簟（酉陽雜俎）筋竹箭未成時堪爲弩弦 荚竹 可煮爲紙幹細而直 篙竹 卽笙竹筍味甘有早晚黃綿四種 水竹（謝靈運山居賦）水竹依水生甚細密吳中以爲宅援 慈竹 小而密土人多植之以當籬援冬月筍生竹外繞其母故又名孝竹一名王祥竹（酉陽雜俎）慈竹夏月經雨滴汁下地生蓐似鹿角色白食之已痢 斑竹 顧家斑竹用以作器甚清雅 紫竹 可爲

簫管九節者佳 **龍鬚竹** 長而秀節疎 **鳳尾竹** 葉眇小亦慈竹別種 **角竹** 節高而疎筍味淡有斑色 **桃枝竹** 作篾殊韌亦堪織簟書云篾席蘄純〔孔安國註〕桃枝竹也 **方竹** 中堅幹直而方花圃中宜植之 **公孫竹** 高不盈尺可爲几案之玩

花

牡丹〔歐陽公花品序〕牡丹南出越州〔僧仲皎詩〕玉稜金線曉粧寒妙入天工不可干老去只知空境界淺紅深綠夢中看 **芍藥**〔王十朋風俗賦〕牡丹如洛芍藥如楊 **蜀葵** 小者曰錦葵 **芙蓉** **薔薇** 有重臺白葉者〔平泉草木記〕稽山之重臺薔薇又曰會稽之百葉薔薇 **海棠**〔草木記〕木之奇者會稽之海棠〔沈立海棠記〕花名帶海者從海外來海棠有二種春爲垂絲貼幹秋爲秋海棠 **杜鵑** 一名躑躅一名映山紅〔草木記〕得剡中之眞紅掛稽山之四時其下

葉者爲石巖

山茶（郡志）山茶葉如茶大盈寸幹高丈餘色緋臘月盛開

木樨即桂花有銀桂丹桂金桂三種香甚幽遠（唐李裕贈陳侍郎紅桂詩）欲求塵外物此樹是瑤林後素含餘絢如丹見本心妍姿無點綴芳意託幽深願以解葩色凌霜照碧潯裕自注此樹白花吐紅心

薌奇香異態至一二百種

山丹

芙蕖即荷花舊傳鑑湖及若耶溪荷花最盛（李白詩）荷花鏡裏香（王十朋風俗賦）香有芙蕖（又李白採蓮曲）若耶溪畔採蓮女笑隔荷花共人語

鳳仙有五色其白者收其子爲藥可治目最痛者搗汁塗之立愈

水仙有二種一曰水仙一曰金盞銀臺

紫薇

紫荊

蘭（越絕書）句踐種蘭渚山（王十朋風俗賦）蘭亭國香今會稽山甚盛凡山皆有而出自南鎮秦望山者最佳

鷄冠

茶蘼

萱花即北方黃花菜越人謂之鹿葱

薝蔔花俗名黃梔花（郡志）越有二種一曰山梔生山谷間一曰水

梔生水涯有單葉千葉 洛陽花有五色甚媚 芭蕉 木槿 石竹 玉簪 剪春羅 剪秋羅 木筆花蕋似筆故名一名望春 臘梅自宋時始有有九英荷花磬口三種磬口最生謂之辰州本〔陸游詩〕與梅同譜又同時我爲許香似更奇痛飲便拚千日醉清狂頓減十年衰色疑初割蜂脾蜜影欲平欺鶴鄰枝插向寶壺猶未稱合將金屋貯幽姿 午時花午開子落 長春花即月月紅 罌粟花 蝴蝶花 金絲花 芝有五色瑞氣所種 貞同〔平泉草木記〕稽山之貞同其花鮮紅可愛而且耐久 古梅老幹奇怪而綠蘚封枝若鬚四垂疎花點綴極爲可愛〔林逋詩〕疎影橫斜水清淺暗香浮動月黃昏惟古梅足以當之 木蘭〔吳融鎭東監軍使院記〕大廈前木蘭越城之中稱爲一絕 鴛鴦梅〔王十朋風俗賦〕越有鴛鴦梅雙頭千葉 石巖

花與杜鵑花本一種石巖[illegible]敷葉後著花其色丹如血杜鵑先著花後敷[illegible]色差淡（僧仲殊詩）繁英歷歷爍晴空過了花門幾信風明月畫欄供從何却須有句到芳叢

凌霄花 歲三著花者倚樹而生樹高則亭亭直上花幽而艷

草

蓆草 取以爲蓆產多而利普

菼草（釋草）菼草可以爲蓑笠蔓生江邊其根即香附子

荇

蓼（吳越春秋）越王念復吳怨則攻之以蓼冬則抱冰夏則抱火言其刻苦云

蘋

藻（韓詩）沉者曰蘋浮者曰藻今謂之馬藻亦呼紫藻

萍 無根常浮水上一夕生九子又謂之薸言漂流不定也

菖蒲 葉有脊如劍謂之鷗蕩蒲又有虎鬚菖蒲生石上節殊密

蘆

荻

茗

三白草 出鏡湖澤畔初生不白入夏葉端方白農人候之以蒔田

三葉白苗畢秀矣　藍　苔　仙茅出少微山（宋齊唐詩）土澤及嬰看術驗少微山

是小三茅　石耳多產少微山

藥

山奇糧即禹餘糧也產山谷間服之令人不饑療瘋毒瘡其功甚速山民遇歉歲取食之

玉芝出陶宴嶺一名鬼臼一名山荷葉一名唐婆鏡花色正紅生葉下故又名羞天花　半夏

香附（本草）又謂之沙根　芍藥有赤白二種　蒼朮　紅花

茴香　五味子　鳳[illegible]　紫蘇　山查　穿山甲

蛸　枳實　陳皮　茯苓　黃連　栢子仁

甘菊治目疾用黃白二種　南星　百合　薄荷　梔子　車

前子　蔓荊子　金罌子　白朮　枸杞子　劉寄生（山間本草註云治心腹痛止霍亂鄉人煮飲之多效驗）　益母草　何首烏

天花粉　金銀藤花（即忍冬也）　天門冬　麥門冬

側栢葉　艾　桔梗　茵陳（即蒿）　茅根　青葙子（即白雞冠子）　蟬蛻　螳螂　鹿角　虎骨　兎矢　柴胡

前胡　元參　苦參　苧根　燈心　伏仁

黄卷（即豆芽）　槐角子（即槐實）　天蕎麥　桑白皮　淡竹葉　竹茹　桑寄生（治瘋）　楓寄生　龍牙草（出鐵山霸）草

決明（治目疾）　夜明沙　穀精草　金星草　細辛

女貞實即冬青子　葛根　龜甲　鱉甲　紫花地丁出香爐峯治疔瘡甚效　金壺瓶草　薏苡　稀薟　紫河車紫白二種亦名金線重樓　兎頭骨　菖蒲

鱗甲

鯉（郡志）鯉之小者爲鯉花鱸之小者爲鱸鰕鯽之小者爲鯽核　鯽　鮒一名　鱸八月始肥　鮎　鯶　鯖土人謂之黃鯖　銀魚　鰡（郡志）黑如緇衣頫海處多有之是魚之最美者　鰻八月最肥　鱣一作鱓土人夏至以後始食入秋則不食　鰱有赤白二種　鱖

蠏小者爲蟛蜞大者爲黃甲產海涯又有紫蠏產上河其味尤佳（西涉雜記）八月蠏膄有稻芒長寸餘向東輸與海神未輸芒不可食　鰕　蟶產海涯　蛙土人當蟄鳴後盛食之冬

月不食越王揖怒蛙而武士歸之即此也　蝦蟆形似蛙而背有黑點蕊蟾蜍之類也其子謂之蝌蚪　鼈　蚌　蛤　蜆　螺王十朋風俗賦孕珠之螺　吐鐵產海涯

鱧　龜

羽

戴勝降桑遇金日王穀賤月令戴勝降于桑蓋三月始出也　雉　鷓鴣　鵪鶉　桑扈　百舌　鸂鶒　鶺鴒　鳩　鵜鶘一名淘河一名鴮澤形似鶚而大高足其鳴自呼好羣飛洗水食魚不常有有輒大水土人占之頗驗　布穀　鴛鴦　鸜鴿俗呼爲九顛遷　雪姑冬月羣飛鳴則必雪　鵲別有山鵲　雀　鷗　梟　鷺鷥　鶯　鷹　燕　鴉有別種土

人呼爲寒鴉歲十月自西北來其陣蔽天及春中乃去秦觀詞寒雅萬點流水遶孤村　鶻

鷂　鸛　杜鵑一名子規夜啼達旦血漬艸木相傳是蜀帝之魂又謂之謝豹　烏昔越王入國有丹烏夾王而飛故句踐起望烏臺以紀其瑞　鸕鷀漁人畜之以取魚　鷗

練鵲　竹鷄　畫眉　啄木　黄頭　白頭翁

鸂　鷄　鵝右軍有洛鵝池　鴨

獸

虎　鹿　兔　狐　獺記曰獺祭魚然後漁人入澤澤居者時多見之　猿

狸　馬　驢　騾　獾　豺狗　竹狗　猴郡志猿好踐稼蔬所過狼籍會稽山間陸種如豆麥之類多爲踐毀天衣寺僧法聰令捕一老猴被以衣

巾多爲細縫使不可脫縱之使去老猴喜得脫跳趨其羣羣望而畏之皆捨去老猴趨之愈急相逐日行數十百里其害遂稍息

獴　麂　柹貍　九節貍　栗鼠

松鼠　貓　羊　猪　牛

蟲豸

蠶（郡志）蠶陽物也惡水再蠶謂之原蠶土人謂之晩蠶以晩葉養之先王禁焉（淮南子）原蠶再登非不利也然王者之法禁之爲其殘桑也鄭云蠶與馬同氣物莫能兩大禁原蠶者爲害馬也歟

蜂　蛭　尺蠖　蝸牛　蚱蜢　蜻蜓　螢多則有年

蝶　蛇　莎鷄　蠅　蚊　螻蛄　蜈蚣　蝘蜓

蝱

器

弓 箭（爾雅東南之美則有會稽之竹箭） 草帶 竹扇 若帶

蒲扇 簟 竹火籠（陶堰製者最佳）

貨

鹽 寧桑曹娥二場鹽利甚溥商販畢集國稅所需按亭民煎鹽之法海潮每至沃沙日見沙白用鐵刀刮鹻聚而苦之乃淋鹻取滷然後試以蓮子每用竹筒一枚長寸許取老硬石蓮三枚納筒中探滷三蓮橫浮則極鹹謂之足蓮滷亦謂之足滷二蓮橫浮次之若三蓮俱直浮其滷薄不可用凡煮鹽編竹爲盤中爲百耳以篾懸之塗以石灰纔足受滷燃烈焰中滷不漏而盤不焦灼近亦稍用鐵盤

茶（郡志）曰鑄山中有餘寺名資壽其陽坡名油車朝暮常有日產茶絕奇芽纖白而長味甘

軟而永孫因日日鑄山之英氣兮既發越于鐵鋤地靈洩而不盡兮復薰蒸于草芽雖名山之最晚兮爲江南之第一覸紫筍若僕僮兮又何論乎石花近多採之名曰蘭雪味取其香色取其白價最貴

乾筍品亦多其盛而行差亞于茶乾筍以二十九都出者爲最佳嚴家山太平嶺次之

箬篠葉也　苧　葛出余貴者佳　蔴堪績以爲索者俗呼黃蔴又呼苧爲苧蔴堪食者俗呼芝之蔴可以作油　酒其品頗多而名老酒者特行名豆酒者特佳豆酒者以綠豆爲麴蘗也邑壤多秫少秫以此　醋　銀今銀出于銀山壩竭　錫錫出于錫山　木棉絲

布　絹　絲紬　綿紬　竹紙前輩多倚之民家或賴以致饒米元章薛道祖曾文清皆有越州竹紙詩載郡志中　黃紙　草紙　菜油　桐油　蔴油　柏油　銅　靛青　蜂蜜出境內者土人呼本

會稽縣志 卷六 物產志 二

山藥味甚佳
黃蠟

會稽縣志卷第七

風俗志

習尚　歲時　禮文

老子曰至治之極鄰國相望鷄犬之聲相聞民各甘其食美其服安其俗樂其業至老死不相往來夫以余觀于邑志所列古會稽者重犯法勤儉崇祭祀文雅而風流其俗也顧不安之而今之所安者婚論財嫁卒破家乃至生女或溺之父母死不以戚乃反高會名客如慶其所歡事或於堪輿家

則有數十年暴露其父母而不顧者民有四耕耨而誦其業絲布其服魚鹽與稻果蓏而蠃蛤其食也顧不樂之矣之甘之而今之所樂其在業者博塞以爲生群少年日鶩于市井黠佃者逋主者之租又從而駕禍以脅之所甘所美其在食且服者竊江之南北山之東西競其綺麗罄其方之所輸其多不可以指數夫若老子言鄰國可相望而不相往來此蓋上古時事余亦安敢以望于今之會稽也哉至如司馬氏所稱特數十年以前之會稽

耳今不望于上古而望于數十年之前又舉其甚者于俗若婚之論財若厚嫁若溺女若喪父母而盛宴與暴露其父母于業若博若群少若黠佃于服于食若窮江南北山東西之華靡噫俗其殆庶幾哉夫人之身有瘤也俗亦有瘤俗之瘤則有丐丐以戶稱不知其所始相傳爲宋罪俘之遺故擯之名墮民丐自言則曰宋將焦光瓚部落以叛宋投金故被斥其內外率習汚賤無賴男子每候婚喪家或正旦則群索酒食婦則習媒或伴嫁家新娶婦又爲婦貿貨物便見竊攘尤善爲流言亂是非間人骨肉四民中居業不得占彼所

業民亦絕不冒之男業捕蛙賣餳拗竹燈檠編機扣塑土牛土偶打夜狐方言跳鬼女則爲人家拘㚒髻梳髮爲髢群走市巷兼便所就四民中所籍彼不得籍彼所籍民亦絕不入籍曰丐戶即有產不克耀里長亦禁其學四民中郎所常服彼亦不得服彼所服蓋四民向號曰是出于官特用以辱且別之者也帽以狗頭裙以橫布不長衫褊其門以丐而籍與業至于今不亂服則稍僭而亂矣其詳載別賤錄丐以民擯已若是甚也亦競盟其黨以相訟僥必勝于民官茲土者知之則右民偶不及知則亦時左民民恥之務以所沿之俗間必右而後已

于是丐之盟其黨以求右民者茲益甚故曰丐者俗之癘也雖然癘卒自外于常膚也則癘之也宜苟癘者肯自咎曰我今且受藥且圖自化爲常膚烏用必癘而決之哉 徐渭

習尚

越水行而山處以船爲車以楫爲馬 越絕書 民性敏柔而慧 宋書 火耕水耨民食魚稻果蓏蠃蛤食物常足 漢志 有陂池灌溉之利故歲多順成有絲布魚鹽之饒故俗重犯法士好學篤志敦師擇友農賈工

作之徒皆著本業不以奢侈華麗爲事縣附郡城
郡城古都會其聞見富古朴之風稍衰然謹守畏
譏議又比他邑較上文士子間能習古文作字工
詩近歸事陽明先生又多講理學文辭議論渢渢
可述嘉泰志云吳越春秋有越人相送之辭曰行
行各努力蓋自古風俗敦厚重離別篤交親如此
故迎則敘間濶送則惜睽違觴豆迭進往往竟日
舟車結束慘有行色至於童僕鈴下挽舟將車之
人羅拜于前則亦犒以酒食勉往者以勸悴勞歸

者之良苦思意曲盡觀者太息風俗之厚也郡會
稽實禹巡狩之地故其民性勤儉重祭祀力溝洫
志至于句踐臥薪嘗膽奮志復吳由是民俗勁烈及
漢嚴光抗節不事人皆勵廉靖興學行東都卓特
之士率皆由之觀于朱育夏統之所言殆可徵也
晉遷江左中原之盛咸萃於越而越爲六朝文物
之藪高人文士雲合景從風俗遂爲江左之冠唐
時文雅不替風流翰墨昭炳相接故名士往往多
愛遊其地自宋以來益知向學尊師擇友南渡之

後弦誦之聲比屋相聞不以貨殖侈靡相夸尚士大夫家占籍甚薄皆擠節衣食俾足伏臘子弟或干謁自衒輒爲長老所禁其有古聖王之遺乎邑人司馬相郡志畧書尚未出

歲時

〔元旦〕男女夙興家主設酒菓以奠曰接神繞室廬震以爆竹黎明始啓戶焚香拜天次詣其夙所設先人主及遺像所率卑幼拜之已乃男女序拜其尊長誨且祝卑幼者亦以次交拜已乃盛服詣親

謁門拜稱賀歲各以酒食相欵接

立春先一日官畢出迎春東郊閭里無貴賤少長集觀相飲樂徵逐至期用巫禱祭曰作春福

正月十四日用巫人以牲醴祀白虎之神祭畢以紅緑線釘畫虎于門上謂之遣白虎

元宵前二日官府例弛禁民則比戶接竹棚懸燈悉出土製若購自他方者毬絲錯之好事者復箕歛于市要屆爲烟樓月殿火戲鰲山集珍聚奇簫鼓歌謳徹且不息而仙釋之居燈叢以剪帶者尤

盛男女遊觀于道雖極囂雜中然亦稍知讓避如是者五夕乃已

花朝 二月二日嘉泰志云始開西園縱郡人遊觀謂之開龍口（指臥龍山）府帥領客觀競渡兒童歌青梅聲調宛轉大抵如巴峽竹枝之類士人競買花木植之園圃

春社 鄉有社祭祭畢則燕其物以祭社之餘序齒列坐雖貴顯人不先杖者耆老說古人嘉言懿行子弟歌伐木嘉魚菁莪賓筵諸詩

上巳三月三日脩禊事有蘭亭遺風

三月五日俗傳夏禹生日禹廟游人最盛士紳乘畫舫丹堊鮮明酒樽食具甚盛麗賓主列坐前設歌舞小民尤相矜尚雖非富饒亦終歲儲蓄以爲游湖之行

清明家插柳于簷端偕少長行游郊外曰踏青厥後携男女具時羞墓祭亦有盛聲樂及集名勝地爲終日游者時則往往幸晴霽壓湖曲川畫船相尾羅綺繁華與桃李相穿映

端陽用紈扇角黍相饋遺家設蒲觴屑雄黄其中佩則用艾虎及綵符云以辟惡其日多忌採藥者尤競之

夏至祀先以麵農人競渡于通津衣小兒衣歌農歌率數十人共一舟以後先相馳逐觀者如堵

七夕相宴集乞巧

秋社如春社禮

中元薦新穀用素饌閭里作盂蘭會人家或然燈于樹或放之水中諠以鐃鼓兒則壘瓦塔爲燈

夜分乃止

中秋相宴集賞月好事者多設具觀月華

九日登高佩萸汎菊蒸米爲五色糕剪綵旗供小兒嬉戲

冬至潔服造祠下長幼以次序拜獻時羞醯臡肉餡麪俗名餛飩視常節最隆

臘月二十四日是夜祭竈品用糖糕時果或用羊首取黄羊祀竈之義

臘月終旬盛用品物賽天神亦祀其祖先日作年

福時丐人餙鬼容執器仗緣門相逐疫畧如古之儺者

除夕　換桃符門神洒掃堂室懸紙錢于閫旁向暮家設火具置雜薪焚之烈舉于門側曰籸盆光焰燭天爆竹雷震仍設祀曰送神已乃闔門集少長群坐歡飲曰分歲有終夜齋坐者曰守歲

禮文

冠　古者男子二十而冠醮于客位冠而字之將以責成人之道禮莫重焉

國朝以帽頂分別品級制度聿新冠必從時禮不可廢

婚必擇門第士人爲媒設宴曰求媒酒往女家拜門點燭女家許允設宴曰肯酒後用禮幣蒸羊家雁果餅等物行納聘禮答以書籍筆墨冠履糕餅等物嗣後請庚帖擇日饋送曰約日盤娶之日用花冠髮髻蒸豚蒸魚果品等物曰開面盤世家間行親迎禮不行者居多新婦服朝衣朝裙蓋頭袱裹脚被婦之兄弟抱扶坐花轎鼓樂迎至中堂樂

婦扶掖出轎請長輩齒德兼隆者祝壽拜花燭畢用幼輩男女執燭引道牽紅至房中飲合巹杯曰交杯盞請妯娌中賢淑者揭蓋頭袱即日拜舅姑次及親族三日告廟畢至廚房取主中饋之義設宴請婦之父兄曰親送酒俗多贅壻禮如娶婦唯不用花轎生子彌月宴親友曰湯餅會

喪大率用文公家禮初喪慟哭訃聞親族臨喪舉哀棺擇堅木歛用衣衾唯不行大歛有絞五日服成請親族成服閉靈受弔甃以磚爲槨以石爲墻

大夫用翁仲望柱墓誌銘神道碑士庶家則砌石爲墳而已塟畢服蔴布衣出謝弔客曰謝孝至于鄉里有遇喪輙舉族坐食寧薄于殯殮而豐于飲食此風俗之漓惟在司民社者力爲挽回耳

祭　以四時或用四仲分至日或元旦端陽除夕世家咸遵文公家禮小戶止列羹飯香燭家長口請祖先而已諱日必素服祭終身不廢清明有墓祭登第除授告廟燕客曰祭祖酒

會稽縣志卷第八

災祥志

夫六氣調風雨和則年穀成物繁而蕃育否則年凶物耗而夭札興故災祥之關於民爲甚也然詳於地而畧於天又何哉曰災之見於天者郡則同也省與天下則同也若其見乎地則於邑尤切矣余故特詳焉嗚呼使長是邑者未災而知謹既災而能禦則庶幾乎水旱盜賊不足以厲民矣　徐渭

唐貞觀二十二年戊申大水

神龍二年天雨毛

開元十七年八月丙寅大水

貞元二十二年鑑湖竭

元和十二年水害稼

太和二年大水海溢

開成四年大旱

大中十三年地震

咸通元年有異鳥極大四目三足自呼曰羅占者曰主國有兵人相食無何有狗生而不能吠擊之無聲按狗職吠以守

禦其不能者象鎮守者不能禦寇之占也

五代晉天福中兒童聚戲率以趙字爲語助如言得曰趙得可曰趙可相語無不然晉末趙延壽貴人將謂其應讖延壽敗謠言轉盛及宋太祖代周人始悟焉

宋至道元年有白鸜鵒

咸平二年箭竹生米如稻歲饑

天聖中夏夜暴風震電而無雨空中有人馬聲終夜方息明日禹廟人言是夜二鼓殿門關鎖忽掣

開風霆自殿中起直西南去遣人驗之百里間林
木稼禾皆偃仆
景祐四年大水
嘉祐六年淫雨爲災
熙寧八年旱饑民疫
元祐八年大風海溢害稼
政和二年十一月民拾生金
宣和六年大雨水溢民多流移
紹興元年牛戴刀突入城中觸馬裂腹出腸時衛卒多

犯禁屠牛牛受刃而逸近牛禍也是年二月雨雹震電十月民間大火十二月火災復作時高宗駐蹕於越部署文移多焚於火民多饑疫二年荐饑斗米千錢人食草木五年旱久大暑人多渴死秋七月海溢害稼九年十年水旱相仍民饑仰哺於官者甚衆賑之不給死者過半十八年大水二十八年大風水平江二十九年旱蝗饑三十年螟害稼

隆興元年水溢傷稼繼以旱蝗民大饑

乾道元年三月盛寒蠶麥損敗民饑疫死二年春

夏淫雨蠶麥不登三年秋淫雨虫生害稼五穀多

腐四年大水九年旱民饑疫

淳熙元年海濤溪合激爲大水決江岸壞民廬溺

死者甚衆二年秋旱三年五月積雨損禾麥七年

大旱饑八年大旱旣而淫雨水溢壞民居荐饑十

年淫雨大水

紹熙三年四月霖雨至於五月四年七月大風驅

海潮壞隄傷田稼夏無麥五年冬旱鑑湖竭

慶元元年饑二年大水恒風夏寒四年饑五年六

月霖雨至八月

嘉泰二年蝗四年越人盛歌鐵彈子白塔湖曲冬果有盜金十一者號鐵彈子起爲亂相傳鬬于白塔湖中後獲於諸暨始就戮

嘉定三年六月水壞田廬八月大風壞攢宮陵殿宮牆六十餘所陵木三千餘章十六年六月夏寒雨雹害稼九年大水蝗生十年旱十五年淫雨爲災

寶慶元年四月雨雪

嘉熙四年旱荐饑

景定三年螟五年大水

咸淳七年大風拔木

元

至元三年二月大水九年六月水十八年饑二十

六年大水

元貞二年水

大德三年旱六年旱饑十一年大饑

至大元年春疫

泰定元年旱饑

至順元年水

元統元年夏旱

至元三年大饑

至正三年旱十二年旱十四年十二月巳酉地震

二十年夏大疫二十二年又大疫

明洪武二十六年閏六月大風海溢壞田廬三十二

年二月初九日地震

永樂十三年旱

景泰五年十二月大雪至二月乃霽七年夏五月

淫雨傷苗是秋淫雨腐禾歲饑

天順元年旱饑五年夏五月淫雨傷苗八年冬十二月地震

成化八年秋七月十七日夜大風雨拔木海溢漂廬舍傷苗瀕海男女溺死者甚衆九年竹生米十二年春大風雨雹大饑十三年春瓜山大裂夏六月大風雨海溢秋七月螣生十九年癸卯民訛言有黑眚至於杭閭里皆驚逾月乃息

弘治元年大饑二年饑四年饑七年秋七月海溢十三年民間訛言詔選女子一時嫁娶殆盡十八

年九月十二日地震生白毛

正德元年夏旱饑三年夏大旱民訛言黑眚出七

年海潮溢入壞民居濱海男女溺死者甚衆

嘉靖二年旱饑三年大旱十三年秋七月颶風淫

雨壞廬舍傷稼寡收十八年大水十九年夏蝗二

十四年大旱民饑米斗值銀錢有八分三十四年

有物方長如一尺牘飛空中映日作金色數鷹逵

逐之時繫獄者劉朝忠見之祝曰如祥也則墮此

巳而漸近果墮獄中則吳之草蔕也禁卒持白於

官時知縣者爲古文炳命視禳之夏倭寇失船於海者自東關入止三十七人轉戰無前以失路陷臯埠水澤知府劉錫率衆出戰潰越一夕縛舟以逃卒殲於常州之五木鄉三十五年倭失船者八十餘徒亦入自東關所過焚殺卒殲於龕山

隆慶二年元旦晝大風屋瓦爲震縣墀折一巨栢城中數災已而民復訛言詔選女子數夕內嫁娶殆盡春有虎入城中宿蕺山徙明眞觀道士曉開戶攫傷之衆譁逐走千秋巷墮厠中爲諸丐所斃

萬曆元年夏民馬柱家產豕雙首行輒仆明年秋
皆家產豕六足而兩爲人手十二年九月府城隍
下殿盡燬十六年大饑斗米三錢莩民載道婦女
有好飾而餓死者二十五年紹興府廳事盡燬二
十八年大饑米斗二百文民多餓死二十九年正
月十六日夜臥龍山上城隍廟火起殿宇并星宿
閣俱燬火光照耀滿城盡如白日三十七年七月
二十三日海發颶風塘壞浪衝城內街砌石梁漂
去里許方沉没人民淹溺無算四十七年橫街連

芳牌火起焚百餘家四十八年四月二十一日大
雪天邊龍見
天啓元年卧龍山發洪五年乙丑大旱民饑
崇禎元年七月二十三日午後大風飄瓦吹倒石
坊雨三日海水大溢街可行舟沿海居民溺死者
數萬二年八月九日大雨水壞田禾民饑九年七
月龍見觀者如堵十一月二十七日戌時地震十
三年有蝗從西北來不雨者四月米價騰貴十四
年正月大雪經旬米斗三錢貧民爭入富家擄米

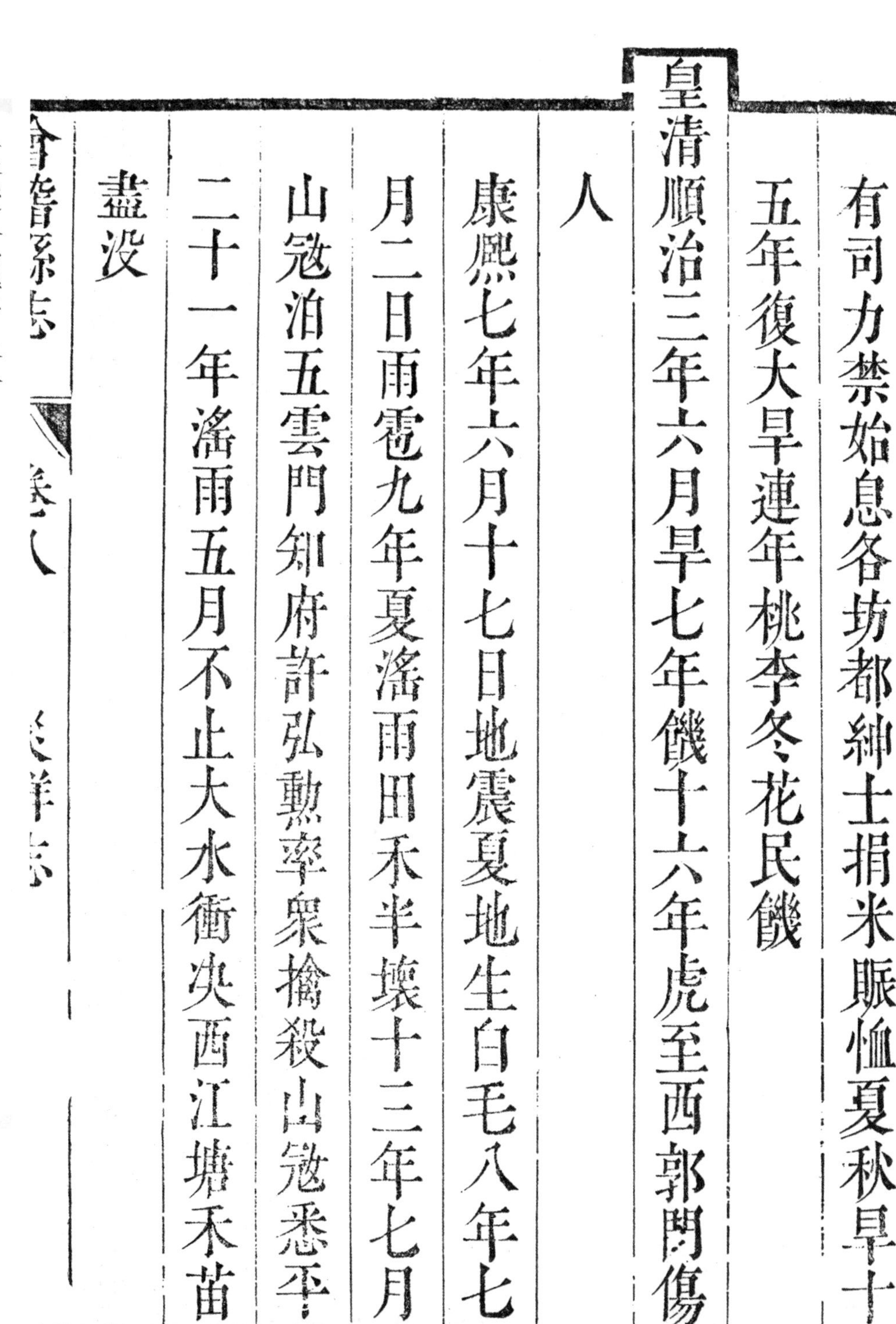

有司力禁始息各坊都紳士捐米賑恤夏秋旱十

五年復大旱連年桃李冬花民饑

皇清順治三年六月旱七年饑十六年虎至西郭門傷

人

康熙七年六月十七日地震夏地生白毛八年七

月二日雨雹九年夏淫雨田禾半壞十三年七月

山寇泊五雲門知府許弘勳率衆擒殺山寇悉平

二十一年淫雨五月不止大水衝決西江塘禾苗

盡沒

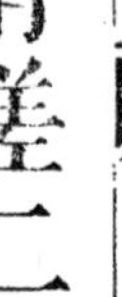

恩赦稅糧有差二十二年福建總督姚啟聖捐資脩築决口數十處

會稽縣志卷第九

田賦志上

戸口　貢　田地　山　蕩　池　塘　漊

鹽糧　鹽鈔　馬價　水鄉　水夫　新丈

夫口與業相停而養始不病養不病而後可以責民之馴今按于籍口六萬二千有奇不丁不籍者奚啻三倍之而一邑之田僅四十餘萬畝富人往往累千至百十等其類而分之亦止須數千家而盡有四十餘萬畝之田矣合計依田畝而食與依

他產別業而食者僅可令十萬人不饑耳此外則不沾寸土者尚十餘萬人也然即令不占於富而井分之土亦不足矣焉在其為不病于養哉既病其養而欲責其馴加于無恒產而有恒心者則可耳而君是者能幾何人耶噫亦窮矣蘓軾有言吳蜀有可耕之人而無其地荆襄有可耕之地而無其人軾之意大約欲輩徙饑寒正令户與業相停也嗟乎此豈易言者哉 徐渭

戶口

登隆慶六年之籍者戶凡萬八千六百有八口凡六萬二千有四其爲丁男者四萬六百一十有三爲女婦者二萬一千三百九十有一析之民之戶萬四千八十有七口三萬二千七百五十有一其爲丁男者二萬七百五十有一爲女婦者萬一千三百四十有八軍之戶千六百一十有二口六千七十有四其爲丁男者四千五百三十有一女婦者千五百四十有三其他若竈之戶六百九十有七口二千一百五十匠之戶三百五十有四口三

千三十有五官之戶百有九口二百六十生員之戶二百有七口五百五十有六力士校尉之戶二十有八口百二十有二陰陽之戶十口四十有二醫之戶三十有七口百有九厨之戶三十有五口百有八十捕之戶十有五口五十有七弓兵鋪兵之戶六十有五口四百二十有六水馬驛站壩夫之戶二百六十有七口二千一百五十有三而女婦存于其中矣僧之戶則二十有八口則八十道之戶則二十口則三十有五戶口實數無考于前代僅得嘉靖近籍問

諸相授受者曰是亦漫書以應耳必核之非
畢晉歲月可辨也故姑取隆慶之新籍以志

貢

每歲貢茶三十觔路費銀二十兩徵入條鞭附嵊縣貢茶十八斤貼路費銀六兩

每歲四月輪禮房

吏一人解京

田

邑田當未量之先合官民額凡三十九萬七千四百二十五畝二分八釐一毫七絲一忽嘉靖二十六年十月六日知縣張鑑始量之內取嵊田之在我界者歸于嵊凡九百九十六畝七分三釐四毫

外取我田之在嵊界者歸于我凡五千畝視舊增四千三畝二分六釐六毫時爲田四十萬一千四百二十八畝五分四釐七毫七絲一忽迄量復于嵊界所歸田五千畝中得隱田七百一十一畝九分四釐于槩縣田中得隱田二萬六千二百九十九畝七分五釐一毫三絲九忽于墾地中得新田九千二百三十三畝一分四釐八毫九絲（嵊縣與會稽田相混而今各除歸）考實入隆慶六年之籍者凡四十二萬七千七百七十三畝三分八釐八毫每畝均科麥

二合二勺凡九百六十三石一斗一合四勺五抄三撮六圭鈔三文七分二釐凡一千六百三十七貫七百七文每貫徵銀二釐米一斗一升七合九勺凡五萬一千六百一十三石四斗八升二合

全科用右田之在水鄉者

一都二都三都四都五都六都七都八都九都十都十一都十二都十三都十四都十五都十六都

十七都十八都十九都二十都二十一都二十二都及在城者凡三十四萬八千七百六十六畝準前每畝均科米一斗一升七合九勺凡四萬一千一百一十九石五斗一升一合四勺爲全科田派法

每畝米一斗一升七合九勺內派北折南折備折存折扣折改折海折之餘卽係本色名存留而扣改海等折則有無不一其他折若本色則多寡不同每歲布政司承戶部府承司縣又承府之分坐而旋派以徵于民故難定其數輸例南北折以輸京扣備海等折以輸軍門歲或年有年無而存留本色若存折備折則以供官吏軍伍之俸若饑年之賑輸府之如坻倉泰積庫山陰之三江倉餘姚之常豐一倉三倉姑以萬曆元年所派所輸爲準

○萬曆元年分領徵夏稅麥并新增續認一千一

十一石七斗二升一合内起運于京庫者麥六百五十四石四斗八升六合四勺每石折銀二錢五分共銀一千六十三兩六錢二分一厘六毫解京路費每兩二分二厘五毫存留于本府如坻倉者麥二百五十八石二斗三升四合六勺内二十三石四升每石折銀九錢共銀二十兩七錢三分六厘二百三十五石一斗九升四合六勺每石折銀八錢共銀一百八十八兩一錢五分五厘六毫八絲于儒學倉者麥一百石每石折銀八錢共銀八十兩于本府泰積庫者夏稅鈔三百二十五錠二貫七百七文每貫折銀二厘共銀三兩二錢五分五厘四毫一絲四忽○額徵秋糧米五萬三千二百七十三石六斗八升八合七勺另復收嵊縣先未減盡田米三石五斗九升六合四勺共米五萬三千二百七十七石二斗八升五合一勺内起運于京庫爲北折者米一萬一千四百八十八石七斗八升二合九勺每石折銀二錢五分共銀二千八百七十二兩一錢九分五厘七毫二絲五忽解

司轉解京路費每兩二分二厘五毫(于南京各衛倉者)米八千六百八十八石一斗九升三合每石折銀七錢共銀六千八十一兩七錢三分五厘一毫解司轉解京路費每兩八厘五毫(爲派剩者)米二百六十八石八斗七合一勺四抄一撮九圭每石折銀六錢共銀一百八十八兩一錢六分四厘九毫九絲九忽三微三塵解司轉解京路費每兩一分一厘五毫(爲南折者)米五百一十九石六斗四升五合八勺八抄八撮一圭每石折銀六錢共銀三百一十一兩七錢八分七厘五毫三絲二忽八微六塵解司轉解京路費每兩一分一厘五忽存留(于本府充餉預備者)米四千一百一十三石三斗四升三合四勺每石折銀五錢共銀二千五十六兩六錢七分一厘七毫解司每兩路費二厘五毫(于本府如坻倉充餉者)(扒折者)米一千二百九十五石三斗六升五合每石折銀若干共銀六百四十七兩六錢八分二厘五毫解司路費每兩二厘五毫(爲存折者)米五千三百三十八石九十

四升三合二勺八抄每石折銀五錢五分共銀二千九百三十六兩四錢一分八厘八毫四忽〔爲改折者〕米五千五百八十一石八升四合六勺六抄每石折銀五錢五分共銀三千六十九兩五錢九分六厘五毫六絲三忽〔爲本色者〕米五千五百八十一石八升四合六勺六抄〇于餘姚常豐一倉〔爲改折者〕米三千八百八十石八斗八升九合五抄每石折銀五錢五分共二千一百三十四兩八分八厘九毫七絲七忽五微〔爲本色者〕米三千八百八十石八斗八升九合五勺〔于常豐三倉爲改折者〕米四十八石三斗二升六合一勺三抄五撮每石折銀五錢五分共銀二十六兩五錢七分九厘三毫七絲四忽二微五塵〔爲本色者〕米四十八石三斗二升六合一勺三抄五撮于山陰三江倉〔爲改折者〕米一千二百七十一石八斗二合四勺每石折銀五錢五分共銀六百九十九兩四錢九分一厘三毫二絲〔爲本色者〕米一千二百七十一石八斗二合四勺〔于本府泰積庫爲秋租鈔者〕米

一千九百四十七錠八百二十九文每貫折銀二厘共一十九兩四錢七分一厘六毫五絲九忽六微

全折田右田之在山海鄉者爲瘠凡十處曰二十一都二十二都二十三都二十四都二十七都二十八都二十九都三十都三十三都以上各都俱與折糧又與十三畝折丁詳見後折丁下及贍儒學者田六十十六畝四分七厘六毫坐第七都亦瘠故亦與折糧但不折丁凡八萬九千七畝三分八厘八毫準前每畝均科比折米九升七合九勺凡八千七百一十三石八斗二升三合二勺八抄五撮二圭每

石徵銀二錢五分備折米二升凡一千七百八十石一斗四升七合七勺六抄每石徵銀五錢爲全折田山海鄉瘠田其科米之數悉同水鄉但書得准北備兩輕折如右此爲特舉耳麥錢之科則無分于腴瘠悉準前數

量折田右田之瘠有等故有與折亦止視其等而不與全折者瘠之坐止于某都中之某圖某坂故有與折亦止及某圖某坂而不及全都者然此類田又適爲民竈所業故曰民竈北折田計都凡七計都中所領之圖凡十有四計坂凡七十有三計

畝凡二十萬八千五百四十二畝八分六厘五毫計折之等凡七計既恤于輸而折其糧復恤于徭而折其丁則有以十五畝折爲一丁者凡三十六坂有以十三畝折爲一丁者凡三十二坂又有獨恤於徭止折其丁而不及折其糧者凡二等別列之日折丁之田悉瘠之類也總之爲量折田列其數如左

二升兆折田凡一萬一千三百三十三畝三分十

三都一圖殷家塘坂田一百二十七畝六分亘瀝

河坂田一百二十四畝五分西潭下坂田一百二十七畝二分海塘下坂田五百三十九畝二分東潭下坂田五十六畝五分塘角鳳坂田五百四十七畝三圖後木橋坂田一百七十二畝七頭坂田六百三十七畝四圖芝山坂田四百六十六畝八分孫家灣坂田二百九十四畝二分胡家山坂田二百四十六畝七分周家墓坂田三百七畝三分瀝泥坂田二百九十五畝九分塘角坂田八百五十八畝一分十四都一圖塘角坂田二百九十八

畝虎坑坂田四百四十七畝八分徐家塘坂田五百四十二畝七分中巷坂田四百九十七畝五分梁巷坂田六百二十六畝二分二圖豐山坂田四百四十七畝五分豐山園裏坂田一百二十三畝八分新河坂田二百三十七畝三分後金坂田三百八十畝六分朱村坂田五百二畝四分又朱村坂田三百八十四畝三分西河瓛山坂田五百五十六畝九分三圖菴前坂田三百五十畝以上二十八坂張鑑定十五畝折丁時舉定折米如右十六都三圖鷄山前坂田

即張家井坂田計七百畝二一分以上一坂唐定折米如右張進思定十五畝折丁二升二合二勺六抄七撮九圭北折田凡一千三百九十五畝五分十二都一圖盧家坂田四百二十五畝六分積山坂田六百六十七畝大河坂田三百二畝九分以上三坂折米如右又十三畝折丁俱唐所定三升北折田凡一千二百七十六畝第三都一圖壺子坂田七十三畝三分第七都三圖前莊坂田三百三十六畝八分任家浦坂田二百三十八畝

三分黃公浦坂田一百畝二分又黃公浦坂田二百二十四畝二分第八都三圖小團坂田三百三畝三分以上六坂俱唐定折米如布內五畝張定十五畝折丁其壺子一坂唐定十三畝折丁

四升兆折田凡八百八十二畝六分第八都二圖後桑盆坂田五百四十八畝五分火伏漊坂田一百一畝犁鐃坂田三十七畝五分俞沙坂田一百九十五畝六分以上四坂張定十五畝折丁唐定折米如布

四升六合七抄八撮四圭七粒兆折田凡五千四

百八十八畝六分九厘四毫十二都一圖盧家坂田四百二十五畝六分横山坂田六百六十七畝大沿河坂田三百二畝九分二圖杜浦坂田一百五十八畝八分寺前坂田二百一十二畝九分魯家山嘴坂田二百四十一畝四分遼河坂田三百一十八畝八分孫家滙坂田一百六十九畝八分南洋坂田一千三十七畝三分王打橋坂田五十六畝五分趙家坂田三百四十一畝七分鄔家鏡坂田三十四畝四分道墟廟後坂田一百一十七

畝二分豬曹衕坂田一百六十六畝廟前坂田六十八畝四分黃婆漊坂田九十五畝五分東稱廟前坂田三百三十八畝八分前宅北岸坂田一百三十畝裏港坂田二百四十五畝八分八厘六毫三桂牌坂田五十六畝八分六圖洋裏坂田三百四十二畝九厘九毫又洋裏坂田一百八十六畝九分二厘六毫東稱坂田一百八十一畝二分五厘五毫大墓河坂田二百四十九畝二分二厘八毫壯浦坂田一百一畝九分黃草瀝坂田三百三

十五畝九分又黄草瀝坂田一百八十一畝三分邵家河坂田一百二十畝九分以上二十八坂唐定十三畝折丁并折米如右五升兆折田凡九千五百八十八畝二分七釐一毫十四都二圖屠家埠坂田六百一十八畝四分十六都二圖康家湖坂田七百八十四畝七分以上二坂張定十五畝折丁唐定折米如右二十都二圖人字號田八千一百八十五畝二分七釐一毫以上一號傅良諫定折米如右不折丁

七升北折田止下一坂故無總數十四都二圖謝溪湖坂田二千五百七十八畝五分以上一坂張定十五畝折丁唐定揣宋如布

折丁田

十三畝折丁之田凡一十一萬八十一畝三分六厘二毫第三都一圖湖子坂瀼港坂八堡坂二處張灣坂茅洞坂墓灣坂港漊坂牛厄坂渢漊坂九堡坂四處十堡坂十一處以上十坂凡七千四十六畝第四都一圖大團坂桑家坂仙人坂二圖嚴浦坂馬家坂四圖徐家漊坂樂野坂五圖塘角坂以上八坂凡四千五百七十四畝十一

都一圖董家汀南昇坂卯汸坂二一圖枯枝海塘坂又枯枝海塘坂廟漊口坂楊稍汸坂以上六坂凡三千六百八畝三分十二都一圖盧家坂橫山坂大沿河坂二圖杜浦坂寺前坂魯家山嘴坂趙家漊坂遶河汸坂孫家滙坂南洋坂王打橋坂烏家鐃坂豬槽衕坂道墟廟後坂道墟廟前坂東稱廟前坂前宅北岸坂三桂牌下坂六圖杜浦坂黃艸汸坂又黃艸汸坂邵家河坂以上二十二坂凡五千六百七十九畝八分十五都一圖朱家庄等坂以上一坂凡一萬六千六百四十三畝八分二十一都二

十二都二十三都二十四都二十七都二十八都二十九都三十都以上八都凡七萬三千五百二十九畝四分六釐二毫

十五畝折丁之田凡一十二萬二千二百二十六畝五分七毫第七都計五里凡二萬一百三十九畝八分五釐七毫第八都計三里凡一萬三千七百七畝六分一釐一毫十三都計四里凡一萬五千一百二十四畝八分四釐八毫十四都計四里凡一萬六千八百一十畝九分二釐六毫十六都計三里凡一萬七千一百九十四畝二分一釐四

毫十七都計二一里凡一萬一千七百四十二畝九分七釐五毫三十一都計一里凡八千三百八十八畝五釐三毫三十二都計一里凡一萬九百九十五畝三分二釐三毫二十都一圖續告折丁田凡八千二十二畝七分

全免之田三頃凡一萬五千四百七十七畝九分二釐九毫二十四都九湖患田凡六千六百七十五畝三分築塘江北三十三都海田凡八千七百三十六畝一分五釐先是纂風寺西滙嘴頭海塘頻年爲風濤所壞縣遣工渡

築多覆没知縣牛斗議以近塘田數如布者全免其銀令充壞塘之役上司可之○地之坐此都者亦同此免詳見後地條下

儒學田凡六十六畝四分七厘以上折田之舉嘗聞諸長老云當知縣唐時舉時一有力者欲壞均糧事公窘聽其以腴爲瘠悉恣其巳所欲折者而止又云以腴爲瘠而得折以瘠爲腴而不得折者亦在在有之不特有力者之恃也雖然百利而一弊亦可謂良法矣

田之號第一都一圖天字號二圖地二都一圖元二圖黄三圖宇四圖宙五圖洪三都一圖荒四都一圖日二圖月三圖盈四圖昃五圖辰六圖宿五都一圖列二圖張三圖寒四圖來六都一圖暑二

圖往三圖秋四圖收五圖冬六圖　藏七都一圖閏

二圖餘三圖成四圖歲五圖律八都一圖呂二圖

調三圖陽九都一圖雲二圖騰三圖致四圖雨五

圖露六圖重露十都一圖結二圖爲十一都一圖

霜二圖金三圖生十二都一圖麗二圖水三圖玉

四圖出五圖崑六圖岡十三都一圖劒二圖號三

圖巨四圖闕十四都一圖珠二圖稱三圖夜四圖

光十五都一圖果二圖珍三圖重珍十六都一圖

李二圖柰三圖菜十七都一圖重二圖芥十八都

一圖薑二圖海三圖鹹四圖河五圖淡六圖鱗七
圖潛十九都一圖羽二圖翔三圖龍四圖師五圖
火六圖帝七圖鳥二十都一圖官二圖人二十一
都一圖皇二圖始三圖制四圖文廿一都一圖字
二圖乃三圖服四圖衣五圖裳廿三都一圖推二
圖位三圖讓廿四都一圖國二圖有三圖虞附都
無號廿七都一圖陶二圖唐廿八都一圖弔二圖
民廿九都一圖伐三十都一圖罪三十一都一圖
周三十二都一圖發三十三都一圖商二圖湯上

望花坊坐中望朝下望問東陶道西陶黿朝東埶
稽山平東仰章安寧愛西府育永昌黎東府首都
泗臣石童伏東大德弍西大羌

量田均則考

舊則列其中紹興府爲出巡事蒙巡按浙江監察御史裴欵開地方事宜軍民利弊體察斟酌停當回報又蒙本院按臨本府均諭各官掌印官條陳利弊呈請隨該會稽縣知縣張議陳巡攔田糧課鈔水利鄉兵等五事開款中蒙本院蒙批分守道查議報奪此繳備行本府覆議除巡攔課鈔水利武士等四事外內開一件均田糧以解倒懸以收集逃流人戶事開稱糧由田起未有無糧之田無田之糧也自國初任土作貢法至精詳柰何時久弊生名實混亂以致會稽之田言之自當時抄沒佃種而言有官田或科九斗或九斗四升二合或九斗三升六合或八斗或

八斗一升九勺或七斗或七斗三升七合七勺或七斗五升七合或六斗或六斗一升三合或六斗二升二合或六斗四升或六斗六升或五斗或五斗二升或五斗二升三合或五斗三升或五斗四升或五斗六升或五斗九升或四斗或四斗三升八合或四斗四升或四斗八升或三斗或三斗三升或三斗五升或二斗或二斗三合或二斗三升或二斗五升或二斗七升或二斗八升或二斗九升或一斗或　斗九升或三升七合計官田九等凡三十七則自民家買受而言有民田民田與站田或三斗或二斗或名附餘田二斗三升或二斗六升或名畝科田二斗七升或名湖田科二斗五合五勺或二斗三升七合或二斗五升或二斗九升或一斗或一斗九合或一斗二升三合或一斗三升或一斗六升四合或一斗五合五勺或四升三合或五升或五升二合或五升五合或六升合或六升五合或六升或六升八合或七升或七升八合計民田四等凡二十七則山鄉之田又有

二升八合三升二合三升三合三勺共該六十四則則數繁多奸弊易生賣田者隱重則以邀高價而摘糧在戶買田者圖輕則以便收納而貽患他人事久人亡考究無法摘糧遂號無挨之糧矣于是里書遇造冊之年受富戶之賄飛入貧戶受勢豪之囑加與愚善先界無無挨之糧而今界忽有數斗今界止有數斗無挨之糧而後界忽加數石有一戶而無挨田糧數十石有一里一都而無挨田糧數百石者里長派之遞年遞年派之甲首典妻鬻子傾產蕩業代與賠當產盡而逃遂名絕戶一戶逃則九戶賠二戶逃則八戶賠絕戶無証虛糧益添遂至縣無挨之田一萬四千三十九畝七分五毫無挨之糧一千六百五石七斗五升六合八勺而生民之害至此極矣故有田者或捏爲坍江海患名色或寄入竈匠患田地方以冒圖優免巧者種無糧之田而愚者納無田之糧寃抑日聞訐訴無已此皆等則之多以啓之也甲職自受任以來每遇詞訟內告及前件者務與根究明白

別置號簿類編備開以俟後來查考然大江決隄寸土無益竊以爲田有高下勢所必然然一望之間未必遽分爲五六十等且此除彼收前免後換田土坐落已非原處實既更改名亦難憑合無將前項等則盡行革去止以山鄉水鄉海鄉三者定爲三等坐落山鄉者收成最薄納糧宜輕則查山鄉之田數并其糧數卽以山鄉之田均攤山鄉之糧每畝一槩若干斗升坐落海鄉者收成畧厚則查海鄉之田數并其糧數卽以海鄉之田均攤海鄉之糧每畝一槩若干斗升坐落水鄉者收成最豐則查水鄉之田數并其糧數卽以水鄉之田均攤水鄉之糧每畝一槩若干斗升三處各分三樣字號以便稽查以槩縣之田受槩縣之糧而無無挨之田以槩縣之糧撒入槩縣之田而無無挨之糧奸巧者私計不行貧愚者全生有田絶戶者當有承受之逃流者或可回還矣此地方倒懸之患而生靈之所以延頸切望者也未知可否乞賜照驗等因到府該本府知府沈覆查田糧之弊莫弊

十絹與有田連阡陌而戶之輸者止于升斗之徵地無立錐而糧之倍者反有十百之積問其田則曰無挨田問其糧則曰無挨糧豈眞無挨者哉紹人立此名以愚官府之不知者耳知縣張鑑謂糧由田起未有無糧之田無田之糧端有見也卽其爲弊之端有四一曰詭糧絕戶蓋某戶本無田無糧也奸人賄書忽寄升斗于上明年倍之後年又倍之積至歲深存者不下十百多則不知其所自來矣二則產去糧存蓋賣田者利于重價將官作民將湖作站摘糧代辦故則不知其所去矣三則三轉一關何也如趙甲之田本無賣出買入也冊時故爲推收一推于錢乙再轉于孫丙更轉于李丁而復還本戶或于孫丙而摘糧收多收少或于李丁而摘糧收官收民去者無求而來者無辨矣四則借名脫實如本戶田糧本無故也忽揑坍毀積荒誣詞告官勘量遍借別處坍塔廢址目認巳業賄勘者揑數回官賄奸書推糧存里始則朦賠終則規脫矣至于詭寄竄戶詭寄權貴巧避自計

皆飛詭爲之也弊極民困該縣計究其由而歸罪于等則之繁瑣是以欲爲三則各以其糧山則攤山海則攤海水則攤水以釐革其飛詭之多端不可不謂救時之急計也但其間有未盡之意本府同是斯民之責所關利害八縣相同豈止會稽而敢不殫知盡言以俟採擇照得均糧之法稽諸郡縣之已行者如蘇州湖州廬陵等處皆嘗均之未有不爲斯民造福而同聲稱善者但均一之法非徒總算均攤可以集其事而定其業也必須先之以清查所謂清查者按圩圖流水以立其本參黃冊實徵以稽其弊有不明者加之丈量以覈其實本職躬覩蘇州府知府王嘗用是道建議于巡撫歐公舉一郡之糧而均之其名曰均耗而不曰均糧蓋以成憲未敢更移也其登黃冊之則其額如故而造實徵之數其糧則均分高田肥瘠山海川原通攤一則是以賦役均平萬世永頼刋行文冊班班可考切今會稽欲均三則意非不善以愚籌之若不清查究其飛詭之糧悉還本根之土則前

所謂無糧之田仍舊無糧無田之糧仍舊無田充二等之則猶足以滋奸書之出入奸書之出入既久則夫三則者猶夫六十四則云耳弊能免哉本職竊爲均惟一則廼爲至當不易之規而後可以盡革諸則之弊何也糧止一則愚夫愚婦有若干之田就可以知若干之糧書雖神奸無所容其出入之巧矣夫該縣之欲爲三則者特以山田海田不可與膏腴水田爲等也不知折色輕費豈不可爲之劑量調停者乎如山陰天樂一鄉全以折色鼻之法可推也又均糧之法豈獨會稽可行算得各縣如山陰每畝得一斗三升六合零會稽得一斗三升三合零蕭山得九升九合零諸暨得四升六合七勺零餘姚得五升七合零上虞得九升二合零嵊縣得四升四合零新昌得三升六合零此則按其原額之數而通融積算應得其則如此其間新開新漲告病者皆未與焉倘將其告佃未科者盡行查出則其糧之均平多少不止于斯也近年以來本府通判葉山陰知縣劉因見本地並無

坍江坍海積荒之田而虛糧田增者不可勝計百姓日以無幾糧田告擾備由申蒙管糧道批允丈量清查俱有號緒冊頗可稽惜其不從圩圖流水以立其本是以未得釐奸訂正之實而卒亦莫之行焉本職到任以來即爲致意每求其圖冊以爲之按先爲惡其妨已者所倫毀而今豈敢輕漏潚查之易易也哉竊照會稽無幾田一萬四千三十九畝零而無幾糧一千六百五石七斗零雖此田被奸人所朦隱故此糧無所歸着不免累賠于無辜之愚民其在山陰諸暨餘姚無幾之田無幾之糧比之會稽爲尤甚皆如是之飛詭耳非此田之外別有此糧也苟不清查改正而遽以三則均之不知此田此糧當復置之于何等之則也是以敢謂所議三則不如一則之公且易也如一則而不先之以清查則如前所陳山陰八縣照前數而均之無勞旦夕而可責成其就緒然但可以爲救偏補隙之圖而非所以爲拔本塞源之政也故愚曰必清查丈量而後可迸腐之見本識時宜備以清

查之說爲可行其間稽察體要尚須序列條件以
上陳磨勘工程亦須寬假歲月而後舉況事干更
始未必斯民之樂從所碍頗多難免權豪之聚怨
若非主畫一之議者堅執而不撓總羣成之權者
相信而無二則當局者期惟顧于及瓜勤事者心
猶懼于投杼此本職所以未敢信其功之必可成
也且一方之利害匪輕百年之因革甚大予奪之
命合取上裁非本府所敢專擅也類行逐款覆議
開申
轉詳

歸田考

知縣楊節立石歸田記會稽土田在二十五都二十六都凡二萬八千四百餘畝界于嵊成化八年丞馬君馴徵糧于兩都閒兩都民抗之白當道疏于朝以兩都土若人割治于嵊爲嵊之五十五都五十六都嘉靖二十年張公鑑度縣田一其糧至兩都于二萬八千四百餘畝之外得所隱田五千畝割其糧歸我迨隆慶三年嵊縣知縣薛君某亦度縣田一其糧彼都頑民乘是以

舊所歸我隱田之糧復冒還其冊爲田一百五畝有奇于是兩邑民若里正等交白于當道屬節與薛君理之復歸于我嗟夫古人有讓田若虞芮者今若此幾于爭矣曰殆非也二國之君當周時世有其土已得而專之故已亦得而讓之今海內尺寸地皆王家物縣官者不過爲天子愼守百里之土而已安得而專其讓耶且按籍而徵者糧也旣入于此忽入于彼夫孰得而詰之其于徵也不已敝乎故今之有玆舉也迹幾于爭實乃所以止爭刊石以表俾後來者永鑑勿惑嗟夫民抗抗會之丞乃并土而歸于嵊使彼復抗嵊之丞將復誰歸如是則前之割土未可以爲得矣今復取會土之隱者而亂于嵊亂其可聽乎萬曆元年三月祥符楊節識

收歸嵊田 凡五千畝幷盈出者七百一十一畝九分四厘地凡二百五十八畝九分二厘二毫內坐十二都田一十畝三分三厘一毫十四都田三十二畝八分七厘十六都田六畝八分三

厘十九都田六畝五分一厘二十二都田二十四畝九分三厘三毫二十三都田五畝七分九厘八毫二十八都田三畝九分二十九都田二畝二分九厘七毫三十都田六畝七分五厘八毫二十一都田一百畝一分二十四都田四千二百七十一畝二分八厘地二百一十三畝二分八厘一毫二十七都田一千二百四十畝二分二厘三毫地四十五畝六分四厘一毫

退歸嵊田 凡九百九十二畝六分八厘四毫內第九都二圖陶宗夫田二十八畝七分三厘八毫二十一都二圖董泮等田二十七畝六分四厘八毫三圖胡澤等田九畝七分八厘八毫四圖宋儀定等田一十一畝八分六厘九毫二十二都二圖董雷田九分五厘五毫二十四都一圖龔森等田八十畝七分一厘八毫二圖章文正等田二百三十一畝七分二厘四毫三圖陸仁等田四百四十七畝八分一厘一毫二十七都一圖孫權等田六十四畝九分一厘八毫二圖鄭文禮等田

九畝六分七厘七毫東南隅三圖盧阿王等田一十六畝五分八毫四圖趙澤田五畝六分九厘八毫東北隅四圖傅機等田三十畝八分六厘四毫五圖錢鎮等田十六畝一分四厘六毫六圖高士誠田九畝六分一厘六毫

全免患田考

會稽縣里遞陳顯素等告免九湖患田里甲差徭緣由申文蒙浙江等處承宣布政使司帶管分守右參政劉批發會稽縣將前項患田逐一查明具由并連人卷解府查勘去後隨據該縣申稱行准本縣縣丞喻南岱勘查闔開親詣患田處所拘集本都里遞王宣等隣都里遞鍾弘壽金等逐一公同踏勘得患田內永滄湖坂寸字號田六百八十畝張家湖非字號田四百三十畝杜家湖實字號田七百八十畝思鶯湖非字號田四百三十畝白蕩湖寶字陰字非字各號田一千一百畝離家湖陰字吳字各號田一千二百畝范洋湖寸字號田一千四百七十畝車家

湖壁字號田八十五畝大湖底昃字號田五百畝共田六千六百七十五畝各果坐于九湖其田俱是湖灘開成外高內低若遇霪雨九湖盈满出水之處兩山鎖隘窄狹難泄又加以外江水起逆流而入是以經旬不泄如天晴亢旱名設九湖並無蓄水河蕩雖欲車戽不可得也以致有水即澇無雨即旱田禾十無一收今年水大荒蕪尤甚雖有栽布全無收成審各隣都里遞鍾弘壽金等衆結前田畝數是的又稱原科三升二合槩均一斗一升民賠極苦取結備關前來准該本縣知縣莊查審前情是實猶恐不的覆審該縣里長丁宣隆盛貴等衆結前田果係低窪澇旱十無一二有收似應優免里甲差徭備由取結并解里遞陳顯素到府查審間隨爲乞照奏卷優免以甦困苦事蒙寧紹兵備道謝批發該縣申詳里長黄權聰等亦呈患田優恤差徭緣由蒙批仰府併查議報遵該本府知府徐查審得里遞陳顯素等執稱前項患田古名九湖四圍逼山外高內低形如釜心遇雨水

溢則山鎮不泄逢旱則土拆沙飛無水車戽以致澇旱俱病年歲無收田上差徭責着該年賠納極苦不勝等情又再三研審衆口一詞具由申蒙浙江等處承宣布政使司程批府申文蒙分守右參政張批府申詳里遞陳顯素等優免九湖患田里甲差徭緣由依蒙備行該縣速查前項患田糧差作何區處具由申報去後隨據與該縣一則每畝科米一斗一升七合九勺俱准北備二折原先議免里甲雜泛差徭均派該縣已經申詳去後今蒙前因又該掌縣事本府推官陳行拘陳顯素等到官查審得前項正額錢糧常年應照則輸納各亦情允無詞其一應雜泛差徭相應特與優免庶若樂適均民情允愜但見今各里甲雜泛差徭攢派已定難以更改合候申詳允示查照優免具由申覆前來據該本府知府徐覆查得陳顯素等所告優免患田出辦糧差既經該縣查勘秋糧照舊與該縣一則科米俱準全折與各正額錢糧輸納但止一應雜泛差徭悉與優免分派該縣出辦則當

優恤疲民自更合無恭候允示之日備行槩縣自隆慶元年爲始遵照優免惟復別有定奪緣蒙再議報奪中允照詳等因蒙批如議行繳蒙此案照前事已經具由通詳去後今蒙前因擬合行縣遵照爲此帖仰本縣官吏照帖備蒙各批申呈內事理即將陳纘素等所告九湖患田錢糧輸納其一應雜泛差徭自隆慶元年爲始遵照優免分派槩縣出辦仍給告示曉諭等因采錄于此以見前所折田若全免等類雖不盡出于民間之告訴然因告訴而始與折且免者有之矣

地

原地四萬四千五百五十四畝二分四釐三毫九絲內墾以成田而量入田之籍者九千三百三十三畝一分四釐八毫九絲今實入隆慶二年之籍

者爲地止三萬五千二百二十一畝九釐五毫內
儒學地三十畝六釐二毫得全免科縣之屛基若
開元寺地合一十八畝六分二釐一毫武肅王祠
地七畝七分九釐二毫長春觀地一十七畝三分
四釐龍王堂地四畝八分九釐第九都樊浦寺地
二十一畝六釐自縣屛至樊浦寺總之凡六十九
畝七分三毫並得免科米其麥鈔仍科如數按原
額地除以上免科之外計科者凡三萬五千一百
二十畝九分二釐三毫每畝均科鈔七十八文凡

二千七百五十一貫九百五五文麥一合五勺一抄
二圭二粟凡四十九石六斗一升九合五勺四抄
六撮四圭

全科地右地之在水鄉者爲腴凡十有六處曰一
都二一都三都四都五都六都九都十都十一都十
二都十五都十六都十八都十九都二十都及在
城者凡一萬八千八百九十畝七分五毫每畝除
麥鈔照前數科徵外仍均科米九升九合凡一千
三百三石四斗五升八合六勺五撮照腴鄉之田

派徵北備南存扣改海等折

量折地右地之在山海鄉者爲瘠凡九處曰二十一都二十二都二十三都二十四都二十七都二十八都二十九都三十都三十三都內有築塘折丁地見後凡一萬五千五百三十六畝六分一釐八毫每畝除麥鈔照前數科徵外仍均科北折米二升凡三百一十石七斗三升二合三勺六抄

折丁地有五十畝折丁之地在前水鄉一都二都三都四都五都六都九都十都十一都十二都十

五都十六都十八都十九都二十都之中及在城者摘計之凡一萬二千九百七十一畝九分六釐六毫爲水鄉中之瘠者有七十畝折丁之地在前山海鄉二十一都二十二都二十三都二十四都二十七都二十八都二十九都三十都之中者摘計之凡一萬五千五百三十六畝六分一釐八毫爲山海鄉中之尤瘠者有八十畝折丁之地爲七都八都十三都十四都十七都二十一都三十二都全計之凡五千九百八十八畝四分四釐九毫

悉免其科米若科麥科鈔仍優以折丁如右緣其瘠更甚于前兩等也又有八十畝折丁之地在海鄉三十三都者稿計之凡六百九十三畝六分以充海塘之役其後與築塘全免之田同故優以折丁如右每畝仍科兆折米二升凡一十三石七升二合

山

山舊額合官民凡若干嘉靖四十四年知縣莊國禎始摘盈之為山若干今實入隆慶二年之籍者凡二十二萬四千三百一十一畝五分二毫每畝

均科鈔二十九文二分七厘凡六千五百六十七貫六百一十二文每百畝折一丁國初山賦甚輕每畝科鈔五文而徭則以百畝僅準爲一丁其時郎有摘山重貿如實山十畝却僅作五畝出賣半分其徭賦彼則甘而重價買之詭寄倖免以淆亂其籍然猶以徭賦之輕雖戶有虛山者不深以爲病至嘉靖二十五年知縣張鑑實始度田將并及山畝沿海老人某乘此謂山利頗厚始改五十畝爲一丁實則未經覈度于是戶有虛山者始稍病而猶未甚也迨于軍興用缺兵食歲增派田照丁派山照畝總計一丁之山視田幾加二倍而無山有額之家始不勝其困矣嘉靖四十四年進思至始議核之令民自報乃至山額視舊減十之四邑人季本移書爲陳核法且復請輕賦如舊而進思以擢去國禎繼之亦將履山隱山者不利其履竟以難阻時本已殁會有持書艸以白者國禎從之定制仍百畝準

一丁而缺額若無計則每畝槩增若干以取盈焉雖數未盡核徵未盡均然準丁一事民頗便之爰附本書于此其書曰伏聞查理境內虛山此百姓之至願也但逐畝丈量于勢難行恐無成功則只作一塲話說矣緣山深者險峻蒙阻雜以虎豹非人力可到而亦非弓尺可施故有千萬僅掛一二于籍者惟水鄉之山平坦莫掩或有以一二而冒十九者其利害爲大相懸絶耳且以洪武初年各里坐都舊額爲主責令排年里長就于本都山內查合此數以都管都不逾月而可定矣自成化以前山畝有稅而無差故人戶中載山多者不以爲意至天順以後以山計丁始有飛詭隱匿之弊然猶以百畝當一丁也至張石洲丈量田畝懼科之重有十二都老人某者起分糧于山以輕田科之議因而需索有山之家不得則以山五十畝爲一丁以惑官聽而誤從之故山差比舊加倍而逋者又增軍餉科派皆與田同其困愈甚且各縣皆以百畝爲丁而獨會稽以五十畝此豈均平之政哉

如其老人者輒上行私不顧朘民膏血之流禍此古之所謂民賊也豈可容于堯舜之世哉況郎一邑而言之有山之家多致隱瞞而額闕無山之戶或以飛詭而數增其不均又甚今遇賢明父母在上不早爲民釐正則小民之困苦無休息之日矣飛詭之弊在近界老書其底册傳之子孫固有存者然亦或各去戶虛增之山而實山之久有欺隱者雖舊存底册亦無可稽也必須按里清查乃始得實〇又者民趙德仁等呈內云量山不比量田俱是斜尖凹凸不等號大則弊多號小則弊少凡百畝以上定有彎隴不能盡量入册務須分號方無遺漏或以三直三横法量複弊始盡今呈數法伏乞裁處一乞令遞年量山每號就註某山名某形某以某法量之如此開造册報臨擡易知若山如船形者內有彎凹蛇形者中起高壠如兩旁牽量便是作弊必須當心直量中澗處横量以梭形準之方爲無弊

蕩

蕩有二一曰米蕩原額若干量之得隱蕩若干今實入隆慶二年之籍者凡八百五十八畝六分六毫每畝科米二升九合八勺九抄三撮一圭凡二十五石六斗六升四勺八抄九撮八圭照水鄉腴田派徵北備南存扣畋海等折一曰鈔蕩原額若干量之得八千七百七十五畝六分每畝均科鈔一十七文一分凡一十四貫六百八十二文不入于黃冊爲別籍掌于戸房之吏收于里長輸于縣

並五十畝折下米蕩入黃冊鈔蕩不入黃冊求其故一云蓄魚者爲米蕩菁茭菱等草者爲鈔蕩一云向因漏報故不入黃冊者別爲鈔蕩也

池

池舊額五十九畝二分量之得盈池二百一十九畝三分九釐五毫三絲今實入隆慶二年之籍者凡二百七十八畝五分九釐三毫每畝均科鈔一十九文凡五貫二百九十三文米三升凡八石三斗五升七合七勺九抄照水鄉腴田派徵充備南存和改海等折每五十畝折一丁

塘

塘量之減于舊二百三十二畝七厘三毫八絲較之量出池數大約相準今實入隆慶二年之籍者凡五十五畝四分八厘二毫每畝均科鈔一百一十三文凡六貫二百六十九文米三升几一石六斗六升四合四勺六抄照本縣腴田派徵北備南存扣改海等折每五十畝編一丁

漊

漊量之今實入隆慶二年之籍者凡一畝八分九

釐七毫每畝均科鈔四十八文凡九十一文米三升凡五升六合九勺一抄照水鄉腴田派徵北備南存扣改海等折每五十畝折一丁右田若地若蕩若池若塘若漊之畝數與徵則及徵丁悉爲嘉靖二十六年知縣張鑑量以後所定惟山則定于國禎

鹽糧

鹽糧米五百七十一石八斗二升七合五勺內坐派凡三項一派顏料米二百二十九石一斗七升每石折銀六錢凡一百三十七兩五錢二釐輸府轉輸于京一派本縣儒學倉米二百五十石近例

每石折銀八錢充師生廩膳一派餘姚縣常豐二倉米九十二石六斗五升七合五勺近例徵納令本折相半以給軍需閏則增預備米四十七石六斗五升二合三勺每石折銀五錢凡二十三兩八錢二分六厘一毫五絲輸于府並責辦于鄉都成丁之人每丁計銀若干

鹽鈔

鹽鈔折銀八兩七錢一分二厘三毫一絲一忽一微四塵二沙八漠以輸京庫輸府泰積庫者同閏

則折銀九兩四錢四分八厘三毫三絲七忽四微二塵八渺六漠以輸京庫輸府泰積庫者亦同並責辦于在城十六坊成丁之人每丁計銀若干○（按孤樹裒談）國朝班戶口食鹽于天下而歲收其鈔曰戶口鈔蓋以鹽課鈔也今鹽不班已數世矣而民歲折銀錢戶口鈔如故天下咸病于是然無一人言于上者祖宗之良法美意不得推行而末流之弊又不得停止良可慨夫

馬價

馬價銀二千一百一十七兩一錢八分輸于河南

（按餘冬錄）洪武二十年命兵部遣使籍杭嚴衢金寧紹及直隸徽州等七府市民富實者出貲市馬

充鳳陽宿州抵河南鄭州驛
馬戶今河南有市馬戶是也

水鄉

水鄉蕩價銀三百八十七兩九錢七分二厘七毫七絲六微二纖五渺輸于府轉輸于鹽運司先責辦于遠鄉之竈今改徵于槩縣之田

水夫

水夫銀共三百五十八兩八分八厘七絲內該給蓬萊驛水夫一十一名每名一十一兩共一百二十一兩岸夫一名七兩二錢坊夫二名共銀一七

四兩四錢鋪陳銀四兩三錢四分九釐船隻銀一十三兩七錢五分七釐五毫支應銀二十四兩三錢三分七厘五毫東關驛支應銀六十五兩七錢二分七釐四毫四絲船隻銀三十三兩四錢四分四厘四毫四絲鋪陳銀五兩六錢三分二釐一毫九絲西興驛水夫六名每名銀一十一兩共六十六兩船隻銀二兩二錢四分

新丈萬曆十年

田丈出一十八頃六十七畝八分八毫首出田一

十九畝五分一厘淤出田一十七頃九十八畝七分四釐四毫外奉文剷去虛糧田一十五頃一十七畝復還學田三十六畝剷復成地田一十七頃九十五畝二分八厘改蕩一頃二十六畝五分七釐九毫改池九十八畝七分五厘三毫壅塞成山五畝九分九釐八毫夏稅麥二合一勺稅鈔三文七分秋糧米每畝均科一斗一升八合八勺內本田三千一百四十八頃八十一畝一分四厘俱徵本色二升北折田一百一十四頃八畝一分二厘

一毫二升上北折田一十四頃一十一畝一分一
厘三毫三升北折田一十三頃一十三畝八分六
毫四升北折田八頃九十一畝五分一厘四升上
北折田五十五頃三十五畝九分一厘五毫五升
北折田九十八頃三十六畝四分二厘五毫七升
北折田二十五頃七十八畝五分除合得準輕折
之外其剩數俱照水田派徵本色及諸重折山鄉
全折田七百四十五頃八十五畝三厘六毫海患
全折田八十七頃六十三畝三分二厘一毫俱準

輕折九湖山患全折田六十六頃七十五畝三分
每畝三升二合亦準輕折折丁水田十畝二升等
折并山鄉田俱十三畝湖患田二十畝海患田十
五畝又學田九十六畝每畝科麥二合二勺鈔三
文七分米一斗一升八合八勺
地丈出一十八頃一十二畝九分一厘七毫田剗
復成地一十七頃九十五畝二分八厘首出地三
十七畝五分八厘五毫淤出地三頃二十四畝九
分九厘五毫外剗去虛糧地三頃八十六畝一分

六厘三毫改山六十八畝三分一厘四毫改池二
畝六分五厘夏稅麥每畝一合二勺六抄稅鈔七
十五文秋糧米水地二百六頃二十四畝一分九
厘四毫每畝六升七合五勺山地一百七十四頃
三十六畝七分三厘一毫每畝二升三合二勺全
荒地六頃九畝每畝二升三合五勺五抄折丁水
地五十畝全荒地八十畝山地七十畝開元寺等
地六十四畝八分二厘租鈔每畝三百七十六文
蕩田剷復成蕩一頃二十六畝五分七厘九毫秋

糧米每畝二升七合稅鈔五十六文折丁并池塘漊俱五十畝

池丈出七十七畝六分六厘九毫田剷復成池九十八畝七分五厘三毫地剷復成池二畝六分五厘秋糧米并塘漊每畝俱二升一合租鈔俱五十六文

塘丈出六十八畝五分六厘一毫

漊丈出四畝八分二厘七毫

會稽縣志卷第九終